U0710448

楞伽经

赖永海 主编

赖永海 刘丹 译注

中華書局

图书在版编目(CIP)数据

楞伽经/赖永海,刘丹译注.—北京:中华书局,2010.5
(2025.6 重印)
(佛教十三经/赖永海主编)
ISBN 978-7-101-07369-0

Ⅰ.楞…　Ⅱ.①赖…②刘…　Ⅲ.①大乘-佛经②楞伽经-译文③楞伽经-注释　Ⅳ.B942.1

中国版本图书馆 CIP 数据核字(2010)第 061772 号

书　　名　楞伽经
译 注 者　赖永海　刘　丹
丛 书 名　佛教十三经
丛书主编　赖永海
文字编辑　宋凤娣
责任编辑　舒　琴
装帧设计　毛　淳
责任印制　韩馨雨
出版发行　中华书局
(北京市丰台区太平桥西里 38 号　100073)
http://www.zhbc.com.cn
E-mail:zhbc@zhbc.com.cn
印　　刷　三河市鑫金马印装有限公司
版　　次　2010 年 5 月第 1 版
2025 年 6 月第 20 次印刷
规　　格　开本/880×1230 毫米　1/32
印张 8¼　字数 150 千字
印　　数　119001-125000 册
国际书号　ISBN 978-7-101-07369-0
定　　价　20.00 元

总　序

佛教有三藏十二部经、八万四千法门，典籍浩瀚，博大精深，即便是专业研究者，用其一生的精力，恐也难阅尽所有经典。加之，佛典有经律论、大小乘之分，每部佛经又有节译、别译等多种版本，因此，大藏经中所收录的典籍，也不是每一部佛典、每一种译本都非读不可。因此之故，古人有"阅藏知津"一说，意谓阅读佛典，如同过河、走路，要先知道津梁渡口或方向路标，才能顺利抵达彼岸或避免走弯路；否则只好望河兴叹或事倍功半。《佛教十三经》编译的初衷类此。面对浩如烟海的佛教典籍，究竟哪些经典应该先读，哪些论著可后读？哪部佛典是必读，哪种译本可选读？哪些经论最能体现佛教的基本精神，哪些撰述是随机方便说？凡此等等，均不同程度影响着人们读经的效率与效果。为此，我们精心选择了对中国佛教影响最大、最能体现中国佛教基本精神的十三部佛经，认为举凡欲学佛或研究佛教者，均可从"十三经"入手，之后再循序渐进，对整个中国佛教作进一步深入的了解与研究。

"佛教十三经"的说法，由来有自。杨仁山、梅吉庆以及中国佛学院都曾选有"佛教十三经"，所选经典大同小异。上

述三家都选录的经典有:《金刚经》、《维摩诘经》、《法华经》、《楞伽经》、《楞严经》;被两家选录的经典有:《心经》、《胜鬘经》、《观经》、《无量寿经》、《圆觉经》、《金光明经》、《梵网经》、《坛经》。此外,《四十二章经》、《佛遗教经》、《解深密经》、《八大人觉经》、《大乘密严经》、《地藏菩萨本愿经》、《菩萨十住行道品经》、《大毗卢遮那成佛神变加持经》为一家所选录。本着以上所说的"对中国佛教影响最大、最能体现中国佛教基本精神"的原则,这次我们选择了以下十三部经典:《心经》、《金刚经》、《无量寿经》、《圆觉经》、《梵网经》、《坛经》、《楞严经》、《解深密经》、《维摩诘经》、《楞伽经》、《金光明经》、《法华经》、《四十二章经》。

佛教发展至今已有两千多年的历史,就其历史发展、思想内容说,有大乘、小乘之分。《佛教十三经》所收录之经典,除了《四十二章经》外,多为大乘经典。此中之缘由,盖因佛法之东渐,虽是大小二乘兼传,但是,小乘佛教在传入中国之后,始终成不了气候,且自魏晋以降,更是日趋式微;直到十三世纪以后,才有南传上座部佛教在云南一带的流传,且范围十分有限。与此相反,大乘佛教自传入中土后,先依傍魏晋玄学,后融汇儒家的人性、心性学说而蔚为大宗,成为与儒道二教鼎足而三、对中国社会各个方面产生着巨大影响的一股重要的社会思潮。既然中国佛教的主体在大乘,《佛教十三经》所收录的佛经自然以大乘经典为主。

对于大乘佛教,通常人们又因其思想内容的差异把它分为空、有二宗。空宗的代表性经典是"般若经"。中国所见之般

若类经典，以玄奘所译之《大般若经》为最，有六百卷之多。此外还有各类小本“般若经”的编译与流传，其中以《金刚经》与《心经》最具代表性与影响力。

“般若经”的核心思想是“空”。但佛教所说的“空”，非一无所有之“空”，而是以“缘起”说“空”，亦即认为，世间的万事万物，都是条件（“缘”即“条件”）的产物，都会随着条件的变化而变化。条件具备了，它就产生了（“缘起”）；条件不复存在了，它就消亡了（“缘灭”）。世间的一切事物，都不是一成不变的，而是一个念念不住的过程，因此都是没有自性的，无自性故“空”。《金刚经》和《心经》作为般若经的浓缩本，“缘起性空”同样是其核心思想，但二者又进一步从“对外扫相”和“对内破执”两个角度去讲“空”。《金刚经》的“对外扫相”思想集中体现在“一切有为法，如梦幻泡影，如露亦如电，应作如是观”这个偈句上，对内破执则有“应无所住而生其心”这一点睛之笔。《心经》则是以“色不异空，空不异色；色即是空，空即是色；受想行识亦复如是”来对外破五蕴身，以“心无罣碍”来破心执。两部经典都从扫外相、破心著的角度去说“空”。

有宗在否定外境外法的客观性方面与空宗没有分歧，差别仅在于，有宗虽然主张“外境非有”，但又认为“内识非无”，倡“三界唯心”、“万法唯识”，认为一切外境、外法都是“内识”的变现。在印度佛教中，有宗一直比较盛行，但在中国佛教史上，唯有玄奘、窥基创立的“法相唯识宗”全力弘扬“有宗”的思想，并把《解深密经》等“六经十一论”作为立宗的根据，《佛教十三经》选录了对“唯识宗”影响较大的《解深密经》进行注译。

《解深密经》的核心思想在论证一切外境外法与识的关系，认为一切诸法乃识之变现，阿赖耶识是生死轮回的主体，是万物生起的种子。经中还提出了著名的“三性”、“三无性”问题，并深入地论述了一切虚妄分别相与真如实性的关系。

与印度佛教不尽相同，中国佛教的主流或主体不在纯粹的“空宗”或“有宗”，而在大乘佛教基本精神与中国传统文化（特别是儒家心性学说）汇集交融而成的“真常唯心”思想，这种“真常唯心”思想也可称之为“妙有”的思想。首先创立并弘扬这种“妙有”思想的是智者大师创建的天台宗。

天台宗把《法华经》作为立宗的经典依据，故又称“法华宗”。《法华经》的核心思想，是“开权显实，会三归一”，倡声闻乘、缘觉乘、菩萨乘同归一佛乘，主张一切众生悉有佛性。《法华经》是南北朝之后，中国佛教走向以大乘佛教为主流的重要经典依据，也是中国佛教佛性理论确立以一切众生悉有佛性、都能成佛为主流的重要经典依据。而《法华经》的“诸法实相”也成为中国佛教“妙有”思想的重要思想资源和理论依据。

中国佛教注重“妙有”之思想特色的真正确立，当在禅宗。慧能南宗把天台宗肇端的“唯心”倾向推到极致，作为标志，则是《坛经》的问世。《坛经》是中国僧人撰写的著述中唯一被冠以“经”的一部佛教典籍，其核心思想是“即心即佛”、“顿悟成佛”。《坛经》在把佛性归诸心性、把人变成佛的同时，倡导“即世间求解脱”，主张把入世与出世统一起来，而这种思想的经典根据，则是《维摩诘经》。

《维摩诘经》可以说是对中国佛教影响最大的一部佛经，

不论是作为中国佛教代表的禅宗，还是成为现、当代佛教主流的人间佛教，《维摩诘经》中的“心净则佛土净”及“亦入世亦出世”、“在入世中出世”的思想，都是其最为重要的思想资源和经典依据。尤其值得一提的是，贯穿于整部《维摩诘经》的一根主线——“不二法门”，更是整个中国佛教的方法论依据。

《楞伽经》也是一部对禅宗、唯识乃至整个中国佛教有着重大影响的佛经。《楞伽经》思想有两个重要特点，一是融汇了空、有二宗，既注重“二无我”，又讲“八识”、“三自性”；二是把“如来藏”和“阿赖耶识”巧妙地统合起来。因此之故，《楞伽经》既是“法相唯识宗”借以立宗的“六经”之一，又被菩提达摩作为“印心”的依据，并形成一代楞伽师和在禅宗发展史颇具影响的“楞伽禅”。

《楞严经》则是一部对中国佛教之禅、净、律、密、教都有着广泛而深刻影响的大乘经典。该经虽有真、伪之争，但内容十分宏富，思想体系严密，几乎把大乘佛教所有重要理论都囊括其中，故自问世后，就广泛流行。该经以理、行、果为框架，谓一切众生都有“菩提妙明元心”，但因不明自心清净，故流转生死，如能修禅证道，即可成就无上正等正觉。这一思想对中国佛教的各宗各派都产生了极其深刻的影响。

《圆觉经》是一部非常能够体现中国佛教注重“妙有”思想特色的佛经。该经主张一切众生都具足圆觉妙心，本当成佛，无奈为妄念、情欲等所覆盖，才于六道中生死轮回；如能顿悟自心本来清净，此心即佛，无须向外四处寻求。该经所明为大乘圆顿之理，故对华严宗、天台宗、禅宗都有十分重要的影响。

《金光明经》对中国佛教的影响，主要体现在其“三身”、“十地”思想、大乘菩萨行之舍己利他、慈悲济世思想、金光明忏法及忏悔思想以及天王护国思想。由于经中所说的诵持本经能够带来不可思议的护国利民功德，故长期以来被视为护国之经，在所有大乘佛教流行的地区都受到了广泛重视。

《无量寿经》是根据“十方净土”的思想建立起来的净土类经典，也是净土宗所依据的“三经”之一。经中主要叙述过去世法藏菩萨历劫修行成无量寿佛的经过，及西方极乐世界的种种殊胜。净土信仰自宋之后就成为与禅并驾齐驱的两大佛教思潮之一，到近现代更出现“家家阿弥陀，户户观世音”景象，故《无量寿经》在中国佛教史上的影响至为广泛和深远。

《梵网经》在佛教“三藏”中属“律藏”，是大乘戒律之一，在中国佛教大乘戒律中，《梵网经》的影响最大。经中主要讲述修菩萨的阶位（发趣十心、长养十心、金刚十心和体性十地）和菩萨戒律（十重戒和四十八轻戒），是修习大乘菩萨行所依持的主要戒律。另外，经中把“孝”与“戒”相融通、“孝名为戒”的思想颇富中国特色。

所以把《四十二章经》也收入《佛教十三经》，主要因为该经是我国最早译出的佛教经典，而且是一部含有较多早期佛教思想的佛经。经中主要阐明人生无常等佛教基本教义和讲述修习佛道应远离诸欲、弃恶修善及注重心证等重要义理，且文字平易简明，可视为修习佛教之入门书。

近几十年来，中国佛教作为中国传统文化的重要组成部分，以其特殊的文化、社会价值逐渐为人们所认识，研究佛教

者也日渐增多。而要了解和研究佛教，首先得研读佛典。然而，佛教名相繁复，义理艰深，文字又晦涩难懂，即便有相当文史基础和哲学素养者，读来也颇感费力。为了便于佛学爱好者、研究者的阅读和把握经中之思想义理，我们对所选录的十三部佛典进行了如下的诠释、注译工作：一是在每部佛经之首均置一“前言”，简要介绍该经之版本源流、内容结构、核心思想及其历史价值；二是在每一品目之前，都撰写了一个“题解”，对该品目之内容大要和主题思想进行简明扼要的提炼和揭示；三是采取义译与意译相结合的原则，对所选译的经文进行现代汉语的译述。这样做的目的，是希望它对原典的阅读和义理的把握能有所助益。当然，这种做法按佛门的说法，多少带有“方便设施”的性质，但愿它能成为“渡海之舟筏”，而不至于沦为“忘月之手指”。

赖永海

庚寅年春于南京大学

前　言

《楞伽经》，又称《大乘入楞伽经》，是一部大乘经典。“楞伽”二字，系梵音，意译为“难入”。所谓“难入”者，原指摩罗耶山陡峭险绝，为常人所难到；楞伽城本无门户，非神通者不可入。今以处表法，譬喻此经乃是微妙第一了义之教，非大乘利根之人，不可得入。

一 《楞伽经》的版本与译者

据有关史料记载，此《楞伽经》原有大、中、小三部。大部者有十万颂之多，如《天皇三宝录》称：在于阗南遮俱槃国中，具有《楞伽》等十本大经，各十万颂；中部者，有三万六千颂，如中土之诸梵本皆称有三万六千偈；小部者，有二说：唐法藏之《入楞伽心玄义》说“小本千颂有余”（详见《大正藏》第三十九册）；宋宝臣之《注大乘入楞伽经》称“略本四千颂”（详见《注大乘入楞伽经》卷一，《大正藏》第三十册）。本经在中土之译本，均取自小部。

此《楞伽经》在中土凡四译，现存三本，均收入《大正藏》

第十六卷中。其一是刘宋元嘉二十年（443）由印度僧人求那跋陀罗译出，全称《楞伽阿跋多罗宝经》，四卷，四品，但品名均为《一切佛语心品》，分之一、之二、之三、之四。此译之特点是比较质直，“语顺西音”、“文辞简古”，以至于“句读有不可读”，遂使“髦彦英哲，措解无由，愚类庸夫，强推邪解”（详见西门寺法藏撰《入楞伽心玄义》，《大正藏》第三十九册），故未能得到弘传。

其二是北魏宣武帝延昌年间由印度僧人菩提流支译出，全称《入楞伽经》，十卷，共十八品。鉴于求那译本之简古晦涩，菩提流支在翻译此本时力求畅达，故“加字混文”，“或致有错”，“遂使明明正理滞以方言”（同上），如把“阿赖耶识”与“如来藏”截然分开，称“如来藏识不在阿赖耶识中”等，就与原意多相背离。

现奉献给读者的这部《楞伽经》，是唐译本，译者署名是实叉难陀。实际上，西域僧人弥陀山、大福先寺僧人复礼等对此经之翻译用力颇勤，据有关资料记载，实叉难陀刚译出此经之初稿后，未来得及再作审校对勘，就奉敕回西域了，后由“尤善《楞伽》”之西域僧人弥陀山“奉敕共翻经沙门复礼、法藏等，再更勘译”（同上）。由于此译本几经校勘，加之采用以梵本对照前两个译本的方法，因此，义理方面较前二本更准确、完备，文字之表述也更加通畅、流利，受到佛教界的一致肯定和推崇，或曰此译本“文敷畅而义昭然，直使后来，力不劳而功必倍，当时称为大备”（宝臣撰《注大乘入楞伽经》卷一，《大正藏》第三十九册）。或曰“若论所译文之难易，则唐之七卷，文易义显，始末具备”（宗泐、

如玘注《楞伽阿跋多罗宝经注解》卷一,《大正藏》第三十九册)。正因为这样,本书选择唐译七卷之《大乘入楞伽经》为底本。

本经唐译本的译者实叉难陀,又称"施乞叉难陀",华言"学喜",于阗人,生于公元652年,卒于公元710年。据史传记载,难陀精通大小乘,且旁通异学,于武周时,因武则天欲重译《华严经》,听说于阗有较完备之梵本,即遣使访求译经者,以此因缘,实叉难陀从于阗来到汉地。公元695年抵洛阳,先后在内廷大遍空寺、洛阳三阳宫佛授记寺、长安清禅寺等处翻译佛经。所译佛典有:《大方广佛华严经》(八十卷)、《大方广普贤所说经》(一卷)、《大方广如来不思议境界经》(一卷)、《大方广人如来智德不思议经》(一卷)、《文殊师利授记会》(《文殊师利授记经》三卷)、《地藏菩萨本愿经》(二卷)、《十善业道经》(一卷)、《大乘入楞伽经》(七卷)、《右绕佛塔功德经》(一卷)、《大乘四法经》(一卷)等。

据《开元释教录》说,他总译佛经十九部,一百零七卷,其中,以八十卷《华严经》和七卷《楞伽经》影响最大。就译述之风格说,难陀之译作与玄奘之"新译"迥然异趣。他重意译,强调简约顺畅,因此,其译作较流畅易读;加上他精通佛教义理,因此,其译本颇受佛教界推崇,如此七卷《楞伽经》,后来被佛教界公认为是内容最完备、义理最准确、行文最流畅之译本。

在具体版本上,本书采用金陵刻经处本。

二 《楞伽经》注疏

此经在唐代之前,似尚未引起特别注意,因此对它之注疏、

诠释和研究不多见。但自唐之后，研究者日多，注疏、诠释此经的著述有十几部，现先把对此经之注疏及与此经有关的著述罗列于下：

（一）《入楞伽心玄义》（一卷），唐·法藏撰，《大正藏》第三十九册。

（二）《注大乘入楞伽经》（十卷），宋·宝臣注，《大正藏》第三十九册。

（三）《楞伽阿跋多罗宝经注解》（八卷），明·宗泐、如玘同注，《大正藏》第三十九册。

（四）《楞伽经注》（卷二及卷五，残缺），唐·智俨注，《续藏经》第一编，第九十一套，第二册。

（五）《楞伽师资记》（一卷），唐·净觉集，《大正藏》第八十五册。

（六）《楞伽经集注》（四卷），宋·正受集记，《续藏经》第一编，第二十六套，第四册。

（七）《楞伽经纂》（四卷），宋·杨彦国纂，《续藏经》第一编，第九十一套，第二册。

（八）《楞伽经通义》（六卷），宋·善月述，《续藏经》第一编，第二十五套，第三册。

（九）《楞伽经玄义》（一卷），明·智旭撰述，《续藏经》第一编，第二十套，第一册。

（十）《楞伽经义疏》（九卷），明·智旭疏义，《续藏经》第一编，第二十六套，第一册、第二册。

（十一）《楞伽经合辙》（八卷），明·通润述，《续藏经》第

一编，第二十六套，第五册。

（十二）《观楞伽经记》（八卷），明·德清笔记，《憨山老人梦游集》。

（十三）《楞伽补遗》（一卷），明·德清撰，《憨山老人梦游集》。

（十四）《楞伽经宗通》（八卷），明·曾凤仪，《续藏经》第一编，第二十六套，第三册、第四册。

（十五）《楞伽经参订疏》（八卷），明·广莫参订，《续藏经》第一编，第二十七套，第一册。

（十六）《楞伽经精解评林》（一卷），明·焦竑纂，《续藏经》第一编，第九十一套，第二册。

（十七）《楞伽经心印》（一卷），清·净挺著，《续藏经》第一编，第五十九套，第二册。

（十八）《楞伽经心印》（八卷），清·函昰疏，《续藏经》第一编，第二十七套，第一册、第二册。

此外，还有一些散见于各种论著中对《楞伽经》某一思想的论述和阐释，如有关法相唯识的理论，散见于《唯识论》之中，这些在此不一一列举。

在笔者所读过的《楞伽经》诸注疏、论著中，就义理而言，阐释较深入、透彻的，当推唐法藏所撰之《入楞伽心玄义》。此《玄义》通过“教起所因”、“藏部所摄”、“显教差别”、“教所被机”、“能诠教体”、“所诠宗趣”、“释经题目”、“部类传译”、“义理分齐”、“随文解释”等“十门”，对《楞伽经》之思想旨趣、教义特色等进行了分门别类的剖析和较为深刻、准确的概括和

归纳，对于人们理解《楞伽经》颇有助益；另外，明宗泐、如玘同注之《楞伽阿跋多罗宝经注解》及宋宝臣的《注大乘入楞伽经》，虽然有些解释与经文原意不尽相符，但援据该博，诠释细密，对于阅读此经也多有帮助。

三 《楞伽经》的思想内容与特色

此经以楞伽城城主罗婆那王请佛往楞伽城说法为引子，以大慧菩萨问法为契机，引出如来之宣讲佛法。所讲佛法之大要者，无出“五法”、“三自性”、“八识”、“二无我”，而所有这些，又不外乎一心，能究此心，即能到达自证圣智所行境界，故宋译之各品皆冠之以“一切佛语心”。

就思想内容说，《楞伽经》具有一个明显的特点，即统合大乘佛教的空、有二宗。如果说，作为《楞伽经》“大要”之一的“二无我”显然属于大乘空宗的基本思想，那么，构成此经“大要”的另两个重要方面——“八识”、“三自性”，则无疑是传统佛教瑜伽行派的基本教义。在阅读《楞伽经》的时候，人们可以看到这样一种情形：此经一方面反复论述世间万有、一切诸法、种种名相，都是假名安立，如梦、如幻、如乾闼婆城，是人们妄想分别的结果，教导人们要远离有无、断常等虚妄分别见。

另一方面，此经又一再指出，所谓如梦、如幻，绝非一无所有，认为如果视诸法如梦、如幻为一无所有，那就会陷入外道的断灭之见，明确指出：“诸法无我，非如来藏法身常住之性。”（卷五。以下引文凡出自《楞伽经》者，不再注经名，只注明第几卷）要求人们在断除对一切外境外法的虚妄分别见的同时，必须以

"正智"去观察、思维、认识、体证此各种现象背后的真常实性，即"如来藏法身常住之性"，甚至于说"宁起我见，如须弥山，不起空见，怀增上慢"（卷四），当大慧菩萨问及为何不说"寂静空无之法，而说圣智自性事故"，佛说"我非不说寂静空法，堕于有见"，而是"于寂静法以圣事说"。所谓"于寂静法以圣事说"，亦即把诸法之无常与如来之常统一起来，把"空如来藏"与"不空如来藏"统一起来。为什么要这么做呢？《楞伽经》认为：由于众生无始时来，计著于有，为了使众生听了之后"不生恐怖，能如实证寂静空法，离惑乱相，入于唯识理，知其所见无有外法，悟三脱门，获如实印"（卷四）。所以如来随机说法，于空寂法以圣智自性说。在这里，人们可以看到，此经把"空"与"有"、"寂静法"与"唯识理"统一起来了。

《楞伽经》的另一个重要特点，是把"如来藏"与"阿赖耶识"也巧妙地统一起来。在传统佛教中，"真如"、"如来藏"、"阿赖耶识"三个概念之义蕴、内涵是不尽相同的。所谓"真如"乃指诸法之本体；而"如来藏"则是指众生本来藏有自性清净之如来法身；至于"阿赖耶识"，则是法相唯识学中一个核心概念，它作为产生一切诸法之种子，与作为不生不灭之"无为法"的"真如"是有着严格区别的，因此在唯识学中，"阿赖耶识"与"真如"没有也不能有直接的联系。

但是，在《楞伽经》中，不论"真如"、"如来藏"还是"阿赖耶识"都被糅合在一起了，经中屡屡言及"如来藏名藏识"（"藏识"即"阿赖耶识"），并且认为："此如来藏藏识本性清净，客尘所染而为不净"，如来藏"为无始虚伪恶习所熏，名为藏识"（均

见卷五)。《楞伽经》此一糅合"如来藏"与"阿赖耶识"的思想,以及认为"如来藏藏识"具有染净二重性的看法,对后来的中国佛教产生了极其深远的影响。

《楞伽经》还有一个重要特点,就是融会性相。佛教界(包括印度佛教与中国佛教)于性相上派别繁多,说法纷纭,大而言之,有"有相宗"、"无相宗"、"法相宗"、"实相宗"等等。"有相宗"如小乘,"无相宗"如"中观学派"、《般若经》,"法相宗"即法相唯识学及《解深密经》、《瑜伽师地论》等,"实相宗"如天台、华严及《密严》诸经、《宝性》诸论等等。《楞伽经》在这方面则是一部具有融摄汇通作用之经典。例如,小乘说七十五法,倡"人无我",不见"法无我";"无相宗"之般若学则扫一切相,破一切执,主诸法无自性,倡一切皆是空;"法相宗"之法相唯识学则建立"八识"、"三自性",倡外境非有,内识非无,主张"万法唯识";"实相宗"之《密严经》、《宝性论》等则倡一切诸法皆是如来藏之随缘显现,以"如来藏缘起"为一宗思想之纲骨。

再者,就"有"、"无"立论,小乘说"人无法有",般若学讲"人法二空",法相唯识学主"境无识有","实相宗"则认为相不尽故非有,性无碍故非无,故"非有非无"。《楞伽经》在这个问题上充当了一个"调和者"的角色,由于它既讲空又讲不空,统合了"空"与"有",既讲"如来藏",又谈"阿赖耶识",把"如来藏"与"阿赖耶识"统一起来,这样,性之与相在《楞伽经》中被融汇贯通起来了。

在佛性论方面,《楞伽经》也同样具有融摄、调和之特点。此特点之主要表现有二:一是融汇各宗、各种经典关于一阐提有

无佛性的说法。在这个问题上，各个佛教宗派、各种佛教经典说法不一，因之导致佛教界在这个问题上长期争论不休。

大而言之，相宗及其所依据的佛教经典，如《瑜伽师地论》、《佛地经论》、《显扬圣教论》、《大乘庄严经论》等，把众生种性分为五类，即声闻乘种性、缘觉种性、如来乘种性、不定、无出世功德种性，认为有一类众生不具佛性，永远不能成佛，如断尽善根之一阐提；反之，另一类大乘经典，如《华严经》、《法华经》、《大般涅槃经》等，则主张一切众生包括断尽善根之一阐提，悉有佛性，都能成佛。

《楞伽经》在佛性问题上的说法十分圆通，它不但语及“五种种性说”，而且直接谈到一阐提能否成佛问题，但是其观点与相宗却迥然异趣：《楞伽经》首先分一阐提为二，指出一阐提有两种，即“菩萨一阐提”（亦即平常所说的“大悲一阐提”）和“舍善根一阐提”，当大慧菩萨问及“此中何者毕竟不入涅槃”时，佛说：是菩萨一阐提毕竟不入涅槃，非舍善根一阐提。为什么这么说呢？经中解释说：“舍善根一阐提，以佛威力故，或时善根生，所以者何？佛于一切众生无舍时故。”（卷二）明确地主张一阐提也具有佛性，也能成佛。

《楞伽经》对于一阐提的这一说法，对于中国佛教的佛性理论影响至深至广，以致可以这么说，“一切众生悉有佛性”的佛性理论之所以会成为中国佛教佛性理论的主流，与《楞伽经》的这一思想有着密切的关系。就连盛倡“一分无性”说的法相唯识宗创始人玄奘，也差点因为《楞伽经》的这一说法而放弃其“一分无性”说，只是因为其师戒贤的坚决反对而未果。

《楞伽经》在佛性问题上的融通性，还表现在对于声闻、缘觉二乘能否成佛问题的看法上。对于二乘能否成佛，佛教史上诸宗派、诸经典说法不一，或二乘不能成佛，如小乘；或曰“定性二乘”不能成佛，如无相宗、法相宗；或曰“定性二乘”也能回心入大，成菩萨作佛，如实相宗。《楞伽经》既语及佛为声闻授菩提记，但又说此是方便秘密说；既分阿罗汉为三种，即“趣寂”、“退菩提愿”、“佛所变化”，又说：声闻、缘觉“若彼能除一切过习，觉法无我，是时乃离三昧所醉，于无漏界而得觉悟。既觉悟已，于出世上上无漏界中，修诸功德，普使满足，获不思议自在法身”（卷三）。《楞伽经》中这种佛为声闻授记、二乘也能最终获如来法身的思想，后来也成为“一切众生悉有佛性”、都能成佛思想的重要经典根据之一。

另外，《楞伽经》关于“语”、“义”关系的论述，也颇具特色，并且对于禅宗产生了深刻的影响。《楞伽经》分佛法为二种，所谓“言说法及如实法”。“言说法”者，一谓随众生心为说种种诸方便教”；“如实法”者，“谓修行者于心所现，离诸分别，不堕一异、俱不俱”（卷四）。对于这两种法的相互关系，《楞伽经》首先指出：二者“不一不异”。说其“不一”，是因为“言说是生是灭，义不生灭”（卷五），言说非即是义；说其“不异”，是因为“言说”能显“义”，可以因“语”而入于“自证境界”。基于这种思想，《楞伽经》认为，一方面须有言说，因为“若不说者，教法则断。教法若断，则无声闻、缘觉、菩萨、诸佛。若总无者，谁说？为谁”（卷五）？所以，菩萨应该随宜说法；另一方面，由于言说非即是义，“诸法自性离于文字”，因此，菩萨不应执著语言

文字，不应随言取义。若执著语言文字，则“如蚕作茧”，“自缚缚他”；若“随言取义”，则“死堕地狱之中”。其次，《楞伽经》进一步指出，“语”、“义”比较而言，“义”比“语”更为重要。例如，当大慧菩萨问何者是第一义时，佛说：非言语是第一义，亦非所说法是第一义，第一义者，唯是自心，因言而入，非即是言；第一义者，是圣智内自证境，非语言分别所能显示（详见卷三）。因此，“菩萨摩诃萨随于义，莫依文字。依文字者，堕于恶见”（卷五）。中国佛教史有许多高僧都主张“依义不依语”，至达磨东来，更倡“以心传心”、“不立文字”，此中受《楞伽经》的影响应该说是显而易见的。

最后，值得一提的是，虽然禅宗自称“教外别传”，但是，即使在后期禅宗中，其“扬眉瞬目”、“棒喝”、“机锋”等教学方法，在《楞伽经》中也可以找到它的雏形或根据。卷三有这样一段话：“大慧，非一切佛土皆有言说，言说者假安立耳。大慧，或有佛土瞪视显法，或现异相，或复扬眉，或动目睛，或示微笑、颦呻、謦欬、忆念、动摇，以如是等显于法。如不瞬世界……但瞪视不瞬，令诸菩萨获无生法忍及诸胜三昧。”（《大正藏》第十六册）后期禅宗的许多教学方法，与《楞伽经》中所说的扬眉瞬目而显法，不唯表现方法相近，而且其理论依据也相通，即都以“以心传心”、“依义不依语”为根据。

总之，在众多大乘经典中，《楞伽经》最突出的特点在其融会贯通，它不仅融会了大小二乘，而且贯通了空有二宗；不仅糅合了如来藏系和唯识系的思想，而且融摄了性相二宗。在中国佛教中，它既是“法相唯识宗”依据的经典之一，同时也是禅宗初祖达

磨传付慧可的重要经典，其对中国佛教的影响可见一斑。

鉴于此经在佛教史特别是中国佛教史上的重要作用，又由于此七卷本之篇幅适中，因此，在编纂此书时，除了删去那些重宣义理的“重颂”外，几乎保留了该经所有重要内容，以使读者对这部经典能有一个较完整的了解。

目 录

罗婆那王劝请品第一

本品为全经之序言,分为四节叙述楞伽经之缘起。此经开宗明义,指出"如来藏"境界乃是如来自心内证圣境,其本来具足、自然清净、法尔如是。

第一节显示楞伽城中大众具足菩萨十地之德,了知世间与出世间一切诸法皆涵摄于"五法三自性八识二空"这四妙门中。罗婆那王劝请佛陀入楞伽城中说自证清净之法;复请大慧菩萨而为启问之首。

第二节记述罗婆那王被如来神通点化,趋入"如来藏"证境,称为"楞伽王"。如来摧破外道和二乘异见,指出四妙门莫不皆于如来藏自性清净心所建立,强调楞伽经之教法即是远离虚妄分别而生智慧的法门,契此方能成就自证圣智。

第三节阐明如来既为顺古佛宣说"甚深观行现法乐"之深意,又为满楞伽王之所愿,更以慧眼观见城中众生根器成熟,欣然应机说法。

第四节佛陀阐释"内外三法",明了"法"与"非法"都为虚妄,而佛心"皆离分别,已出一切分别戏论",断除烦恼障与所知障,离能、所分别,得入涅槃;涅槃即是"一缘","一缘"即是"最胜三昧",即是"自证圣智"、如来藏清净境界。

如是我闻,一时佛住大海滨摩罗耶山顶楞伽城中,

与大比丘众及大菩萨众俱。其诸菩萨摩诃萨悉已通达五法三性①，诸识无我，善知境界自心现义，游戏无量自在三昧神通诸力②，随众生心现种种形，方便调伏，一切诸佛手灌其顶，皆从种种诸佛国土而来此会。大慧菩萨摩诃萨为其上首。

尔时，世尊于海龙王宫说法③，过七日已，从大海出，有无量亿梵释护世诸天龙等④，奉迎于佛。尔时如来，举目观见摩罗耶山楞伽大城，即便微笑而作是言："昔诸如来应正等觉，皆于此城说自所得圣智证法，非诸外道臆度邪见及以二乘修行境界，我今亦当为罗婆那王开示此法。"

尔时，罗婆那夜叉王，以佛神力，闻佛言音，遥知如来从龙宫出，梵释护世天龙围绕，见海波浪，观其众会，藏识大海境界风动，转识浪起，发欢喜心，于其城中高声唱言："我当诣佛请入此城，令我及与诸天世人，于长夜中，得大饶益。"作是语已，即与眷属乘花宫殿，往世尊所。到已，下殿右绕三匝，作众伎乐，供养如来，所持乐器，皆是大青因陀罗宝、琉璃等宝，以为间错，无价上衣，而用缠裹，其声美妙，音节相和，于中说偈而赞佛曰：

心自性法藏，无我离见垢；
证智之所知，愿佛为宣说。
善法集为身，证智常安乐；

变化自在者，愿入楞伽城。
过去佛菩萨，皆曾住此城；
此诸夜叉众，一心愿听法。

尔时，罗婆那楞伽王以都咤迦音歌赞佛已，复以歌声而说颂言：

世尊于七日，住摩竭海中；
然后出龙宫，安详升此岸。
我与诸采女，及夜叉眷属[⑤]，
输迦娑剌那，众中聪慧者。
悉以其神力，往诣如来所。
各下花宫殿，礼敬世所尊；
复以佛威神，对佛称己名；
我是罗刹王[⑥]，十首罗婆那。
今来诣佛所，愿佛摄受我；
及楞伽城中，所有诸众生。
过去无量佛，咸升宝山顶；
住楞伽城中，说自所证法。
世尊亦应尔，住彼宝严山；
菩萨众围绕，演说清净法。
我等于今日，及住楞伽众；
一心共欲闻，离言自证法。
我念去来世，所有无量佛；
菩萨共围绕，演说《楞伽经》。

此入楞伽典，昔佛所称赞；
愿佛同往尊，亦为众开演。
请佛为哀愍，无量夜叉众；
入彼宝严城，说此妙法门。
……

尔时，世尊闻是语已，即告之言："夜叉王，过去世中诸大导师，咸哀愍汝受汝劝请，诣宝山中，说自证法，未来诸佛，亦复如是。此是修行甚深观行现法乐者之所住处，我及诸菩萨哀愍汝，故受汝所请。"作是语已，默然而住。

时罗婆那王即以所乘妙花宫殿奉施于佛，佛坐其上。王及诸菩萨前后导从，无量采女歌咏赞叹，供养于佛，往诣彼城。到彼城已，罗婆那王及诸眷属，复作种种上妙供养；夜叉众中童男童女，以宝罗网，供养于佛；罗婆那王施宝璎珞，奉佛菩萨，以挂其颈。尔时，世尊及诸菩萨受供养已，各为略说自证境界甚深之法。时罗婆那王并其眷属，复更供养大慧菩萨，而劝请言：

我今诸大士⑦，奉问于世尊；
一切诸如来，自证智境界。
我与夜叉众，及此诸菩萨；
一心愿欲闻，是故咸劝请。
汝是修行者，言论中最胜；
是故生尊敬，劝汝请问法。

自证清净法，究竟入佛地；
离外道二乘，一切诸过失。

注释：

①五法：五法有多种，如“相名五法”、“理事五法”、“提婆五法”、“理智五法”等，此经所说之五法系“相名五法”。“相名五法”者，一“相”，二“名”，三“分别”，四“正智”，五“如如”。“相”者，世间森罗之万象；“名”者，诠释、称呼各种现象之名号；“分别”者，思量识别事理之谓，亦称“妄想”，指分别所变境像之能变心；“正智”者，亦即“圣智”，指能如实了知事物相状之智慧。以上四法均属有为法。“如如”者，由“正智”而证得之真如，此属无为法。此五法包摄有为、无为一切诸法。三性：三性有二种：一善、恶、无记之三性，二遍、依、圆之三性。此经所说之三性，指遍、依、圆三性。“遍”者，“遍计所执性”，指虚妄执著外境外法为实有；“依”者，即“依他起性”，指借助于各种因缘所生诸法；“圆”者，即“圆成实性”，指一切有为法之真如实性。

②三昧：亦称“三摩地”、“三摩提”、“三摩帝”等，意译为“定”或“正定”，亦即使心专注一处而不散乱。

③世尊：佛之名号之一。佛有十大名号：如来、应供、正遍知、明行足、善逝、世间解、无上士、调御丈夫、天人师、佛世尊（“世尊”即佛，合称“佛世尊”）。

④天龙：“诸天”与“龙神”之简称，天，即“梵天帝释”，龙，即“诸龙神”，“天龙八部”中之二众。

⑤夜叉：又译作“药叉”、“阅叉”或“夜乞叉”，印度神话中

一种小神灵，佛教中被列“天龙八部众”之一。

⑥罗刹：又称“罗刹娑”、“罗叉娑”，“恶鬼”之总名，译为“暴恶可畏”等。

⑦大士：“菩萨”之通称，有时又指“佛”或“声闻”等，意为有别于凡夫之道行高深之修行者。

译文：

我亲自听到佛是这样说的，在某一个时候，释迦牟尼佛住在大海边的摩罗耶山顶的楞伽城中，同众多大比丘、大菩萨在一起。这些大菩萨都已通达世间、出世间，有为、无为的一切诸法，明了诸识亦无常一之体性，善知一切外境外物都是自心之所变现，精于禅定，富有神通，能随众生之心变现各种形象，方便说教，随机摄化，一切诸佛为其灌顶授记。这些大菩萨从各个佛国而来，以大慧菩萨为上首。

其时，佛在海龙王宫说法，七日之后，从海中出来，有无数梵天、帝释、诸大护法天龙等，来奉迎佛。其时，佛举目看见了摩罗耶山顶的楞伽大城，便面带微笑地说：“过去诸佛都在此地演说自己以正智证涅槃之法。此法既非外道之所猜测臆度之邪见，亦非二乘所修行之境界，我现在也为罗婆那王开示此法。”

其时，罗婆那王借助于佛之神力，听到了佛所说的话，从很远的地方知道佛已从海龙王宫出来，现正为诸梵天、帝释及诸护法所簇拥围绕。时罗婆那王见海波浪起伏现象，观其会中大众的如来藏识真如性海也是这样，因于无明境界风动，转识浪起，不能发现无边德用，即起欢喜心，高声说道：“我应当到佛那里去，请佛到此城来开示说法，使我及诸天、世人于长夜中，得大光明，得大利益。”说罢，即与诸眷属乘坐花宫殿前往佛之处所。到达之后，罗婆那王从宫殿上下来，并从右边环绕三周，以众伎乐供养于佛，所持乐器都是大青因陀罗宝（按，即帝释的青珠），其间杂以琉璃等宝，这些乐器都用上等的布料缠裹，其声美妙，音节和谐。罗婆那王于阵阵音乐声中唱说偈句赞颂佛，说：

诸佛所证真心自性，是诸法眼藏。
无人我、法我之执，远离一切妄见执著；
此种智慧唯佛世尊乃能证知，
愿世尊垂愍，为我等开示、宣说。
佛身集万善，于自证智境界恒常安乐；
变化自在，愿入楞伽城为我等说法。
过去世诸佛，也曾于此城中说法；
此间之夜叉诸部众，一心想听佛之演说。

其时，罗婆那楞伽王以都咤迦音歌颂佛后，又以歌声而说颂：

世尊于过去七日中，于龙宫宣说佛法；
后从龙宫出来，安详登上此岸。
我与众采女，以及诸多夜叉眷属等等，
还有归依的婆罗门童子输迦，是超拔于众的聪慧者。
都以其神力，来到如来佛处所。
大家从花宫殿下来后，各各礼拜于佛；

又借助佛之神力，称说自己名号；
我是十头罗刹王，今日来佛所，
愿佛为我及楞伽城中诸众生开示、说法；
过去无数佛，都曾在此楞伽城中说自己所证之法门。
希请世尊也能这样，在众多菩萨的簇拥下，
到摩罗耶山顶之楞伽城去演说最上清净法门。
我及住于楞伽城的广大信众，
今日一心想听闻佛讲说自证之清净法门。
想念过去世无数佛，曾在诸大菩萨的簇拥下，
于此地演说《楞伽经》。
这部入楞伽经典，被往昔诸佛所称赞。
愿佛同往尊，也为大众开示。
敬请佛慈悲哀怜无量夜叉众，
入楞伽城为我等说此妙法门。
……

世尊听到这些话后，即告诉罗婆那王："夜叉王，过去世诸佛，都哀怜于你，答应你的请求，来此楞伽城说自证法，未来诸佛，也会这样。这是个喜闻佛法、勤于修行之信众们的住所，我及诸菩萨哀怜于你，所以愿意接受你的请求。"说完此话，佛及诸菩萨等即默然而住。

当时罗婆那王即以所乘之妙花宫殿奉献于佛，佛坐于花宫殿上。罗婆那王及诸菩萨前呼后拥，众多采女歌咏赞叹，供养于佛，一起前往摩罗耶山顶的楞伽城中。抵达该城后，罗婆那王及诸眷属，又作种种上妙供养；夜叉众中童男童女，以宝罗网

供养于佛；罗婆那王又把宝璎珞奉献于佛及诸菩萨，把宝璎珞挂于佛及诸菩萨的项颈之上。其时，佛及诸菩萨受供养后，便简略讲说了各自所证境界之甚深法门。当时罗婆那王及其眷属，又特别地供养了大慧菩萨，并对他说：

我今众修行者，想请佛开示一切诸佛的自证智境界；
我及诸夜叉众，以及在座的众菩萨，
一心想听闻佛法，因此都请佛给予开示。
你是诸修行者中最善于谈论的，
因此大家都很敬佩你，希望你能向佛问法。
究竟什么是自证清净之法门？如何是入于佛的境界？
如何才算远离外道二乘？以及如何才能远离一切过失？

尔时，世尊以神通力，于彼山中复更化作无量宝山，悉以诸天百千万亿妙宝严饰。一一山上，皆现佛身，一一佛前，皆有罗婆那王及其众会十方所有一切国土，皆于中现；一一国中，悉有如来，一一佛前，咸有罗婆那王并其眷属，楞伽大城阿输迦园，如是庄严，等无有异。一一皆有大慧菩萨，而兴请问，佛为开示自证智境，以百千妙音说此经已，佛及诸菩萨皆于空中隐而不现。

罗婆那王唯自见身住本宫中，作是思惟：向者是谁？谁听其说？所见何物？是谁能见？佛及国城众宝山林，如是等物，今何所在？为梦所作？为幻所成？为复犹如乾闼婆城[①]？为翳所见？为炎所惑？为如梦中

石女生子？为如烟焰旋火轮耶？复更思惟：一切诸法性皆如是，唯是自心分别境界，凡夫迷惑不能解了，无有能见，亦无所见，无有能说亦无所说。见佛闻法皆是分别，如向所见不能见佛，不起分别是则能见。

时楞伽王寻即开悟，离诸杂染，证唯自心，住无分别，往昔所种善根力故。于一切法得如实见，不随他悟，能以自智善巧观察，永离一切臆度邪解，住大修行，为修行师，现种种身，善达方便，巧知诸地上增进相，常乐远离心意意识，断三相续见，离外道执著，内自觉悟，入如来藏[②]，趣于佛地。

闻虚空中，及宫殿内喊出声言："善哉！大王，如汝所学，诸修行者应如是学，应如是见一切如来，应如是见一切诸法，若异见者，则是断见，汝应永离心意意识，应勤观察一切诸法，应修内行，莫着外见，莫堕二乘及以外道所修句义，所见境界及所应得诸三昧法，汝不应乐戏论谈笑，汝不应起围陀诸见[③]，亦不应着王位自在，亦不应住六定等中，若能如是，即是如实修行者行，能摧他论，能破恶见，能舍一切我见执著，能以妙慧转所依识，能修菩萨大乘之道，能入如来自证之地，汝应如是勤加修学，令所得法转更清净，善修三昧三摩钵底[④]，莫着二乘外道境界，以为胜乐，如凡修者之所分别。外道执我，见有我相及实求那而生取着；二乘见有无明缘行，于性空中乱想分别。楞伽王，此法殊胜，是大乘道，能令成就自证圣智，于诸有中受上妙生。楞伽王，此大乘行破无明翳，灭识波浪，不堕外道诸邪行中。楞伽王，外道行者执著于我，作诸异论，不能演说离执著见识性二义。善哉！楞伽王，汝先见佛思惟此义，如是思惟，乃是见佛。”

尔时，罗婆那王复作是念，愿我更得奉见如来，如来世尊于观自在，离外道法，能说自证圣智境界，超诸应化所应作事，住如来定，入三昧乐，是故说名大观行师，亦复名为大哀愍者，能烧烦恼分别薪尽，诸佛子众所共围绕，普入一切众生心中，遍一切处，具一切智，永离一切分别事相，我今愿得重见如来大神通力，以得见故，未得者得，已得不退，离诸分别，住三昧乐，增长满足如来智地。

注释：

①乾闼婆城：又译作“犍闼婆城”、“犍闼缚城”等，意为幻化之城。据传有一乐师名乾闼婆，他能以幻术作楼阁等，故后来佛经中以“乾闼婆城”喻幻有实无之物。

②如来藏：真如在烦恼中，谓之“如来藏”；真如出烦恼，谓之“法身”。此如来藏乃佛性之异名，按《佛性论》解释，此如来藏具有三义：一所摄义，亦即一切众生皆为真如佛性所摄；二隐覆义，亦即如来之性为烦恼所覆，众生不见，故名为“藏”；三能摄义，真如虽在烦恼之中，但含有如来一切功德。

③围陀：即“吠陀”，梵名Veda。古印度婆罗门教根本圣典之总称。原意为“知识”，即婆罗门教基本文献的神圣知识宝库。这里泛指外道婆罗门。

④三摩钵底：又作“三摩钵提”、“三摩跋提”等，禅定之一种，《玄应音义》释曰：欲入定时，名“三摩钵底”，正在定中，名“三摩半那”。

译文：

其时，世尊以其神通之力，于该山中更变化出无数无量宝山，并且都以百千万亿妙宝庄严装饰，每一宝山又都有佛显现其顶，每一佛前都有罗婆那王及诸大众，十方世界一切国土也都于中显现；一一国中都有如来，一一佛前全有罗婆那王及其眷属，都有楞伽大城阿输迦园，都是那样富丽庄严毫无差异。同时都有大慧菩萨在向佛请问佛法，一一诸佛也都在演说开示自证智境界。以百千妙音声宣说完此经后，佛及诸菩萨都于空中隐而不见。

罗婆那王只见到自己身居本宫之中，他当下便想：刚才说法的是谁？又是谁听其说法？刚才所看到的一切究竟是什么？能见的又是谁？佛及诸国土大城众宝山林，这一切现在都哪里去了？难道是梦中所见吗？难道是幻化而成的吗？或者犹如幻有实无之乾闼婆城？或者眼睛有了毛病？或者为阳焰微尘的反映所迷惑？或者如梦中见石女生子？或者如烟焰旋火轮？旋即又想：世上一切诸法大概都是这样，本来实无其物，都是自心虚妄分别的结果，凡夫迷惑，不懂得这个道理。实际上，世上无有能见，也无所见，无有能说，也无所说。见佛听法都是虚妄分别，正如刚才所看到的，不能说是见到了佛，不起分别才能真正见到佛。

其时，罗婆那王当即开悟，弃除了一切杂染，证得诸法唯是自心所变现，住于无虚妄分别之境地，由于以往所种善根，得如实见一切法，了达外境即是自心，能以自智慧善巧观察，永离于一切邪见臆想，善于修行，为修行师，能于自身显种种色象，得种种大方便解，善知诸地精进之相，善观各种心识自体，断除三界相续身见，远离外道各种执著，以自智觉悟入于如来之藏，直趣佛地。

其时，听到虚空中及宫殿里都发出这样的声音："善哉！大王，像你所修学的，诸修行者都应该这样修学，应当这样见一切如来，应当这样见一切诸法，如若异此如实之见，即是断灭之见。自证之法，非心意识境界，故各种心识应当远离，应如理观察一切法性，应依智慧内修，莫着外见，莫着二乘外道所修句义境界，及二乘外道所得之诸三昧法。你不应乐戏论谈笑，也不应起吠陀外道之见，不应耽着王位自在，也不应住外道六邪定中，若能如此如实修行，即能摧破种种邪论恶见，能舍弃一切我见执著，能够以妙慧转识成智，入如来自证圣境。你应如此勤加修习，使所得之法更为清净，善修正定，由定发慧而至殊胜之位，莫着外道二乘境界，以为殊胜，如外道凡夫等修行者。外道执著于我，见有我相，及四大、蕴界处有实功能，而取着于色声香味触法；二乘见有十二因缘，不了性空，于中妄加分别。楞伽王，此法殊胜，是大乘道，能令成就自证圣智，于诸界中上

品受生。楞伽王，此大乘行能灭无明惑，能除诸业障，不堕外道诸邪行中。楞伽王，外道行者执著于我，作种种异论，不能演说离见识性、法非法二义。善哉！楞伽王，能如是思维此义，乃是真见佛也。

其时罗婆那王又想重见如来，因为如来世尊于事理无碍之境，观达自在，离外道法，能说自证圣智境界，超诸化佛所作之事，住如来定，入三昧乐，所以称为大观行师，也称为大哀愍者，能烧断一切烦恼，断除一切分别妄想，众佛弟子所共围绕，善知一切众生之心，遍一切处，具一切智，永离一切分别事相，我今愿得重见于如来，以重见因缘，未得觉悟者即得觉悟，已得觉悟者，不复退转，远离一切虚妄分别，住三昧乐，智慧增长，进入如来地。

尔时，世尊知楞伽王即当证悟无生法忍[①]，为哀愍故，便现其身，令所化事还复如本。时十头王见所曾睹，无量山城悉宝庄严，一一城中皆有如来应正等觉，三十二相以严其身，自见其身遍诸佛前，悉有大慧、夜叉围绕，说自证智所行之法，亦见十方诸佛国土，如是等事悉无有别。

尔时，世尊普观众会，以慧眼观，非肉眼观，如师子王奋迅回盼，欣然大笑，于其眉间、髀胁、腰颈及以肩臂德字之中，一一毛孔皆放无量妙色光明，如虹拕晖[②]，如日舒光，亦如劫火猛焰炽然。时虚空中梵释四天[③]，遥见如来坐如须弥，楞伽山顶，欣然大笑。尔时，诸菩萨及诸天众咸作是念，如来世尊于法自在，何因缘故欣然大笑，身放光明，默然不动，住自证境，入三昧乐，如师子王，周回顾视，观罗婆那，念如实法。

尔时，大慧菩萨摩诃萨，先受罗婆那王请，复知菩萨众会之心，及观未来一切众生，皆悉乐著语言文字，随言取义，而生迷惑，执取二乘外道之行，或作是念，世尊已离诸识境界，何因缘故欣然大笑？

为断彼疑而问于佛，佛即告言："善哉！大慧，善哉！大慧，汝观世间愍诸众生，于三世中恶见所缠，欲令开悟而问于我，诸智慧人，为利自他，能作是问。大慧，此楞伽王曾问过去一切如来应正等觉④，二种之义，今亦欲问，未来亦尔。此二种义差别之相，一切二乘及诸外道皆不能测。"

尔时，如来知楞伽王欲问此义，而告之曰："楞伽王，汝欲问我，宜应速问，我当为汝分别解释，满汝所愿，令汝欢喜，能以智慧思惟观察，离诸分别，善知诸地，修习对治，证真实义，入三昧乐，为诸如来之所摄受，住奢摩他乐⑤，远离二乘三昧过失，住于不动善慧法云菩萨之地，能如实知诸法无我。"

……

注释：

①无生法忍：安住于无生无灭之理而不动心，亦即悟诸法不

生不灭之理。

②挓（zhā）：张开，伸开。

③梵释四天：指梵天、帝释天及四天王。四天王即居于须弥山腰之犍陀罗山的四个山头上的帝释天四将。

④应正等觉：即“应供”与“正等觉”。正等觉，又称“正遍知”，与“应供”均为佛之名号。

⑤奢摩他：又称“舍摩他”、“奢摩陀”，禅定七名之一，意为“止息”、“寂静”。

译文：

此时，世尊知道楞伽王马上就要证悟不生不灭法门，出于哀怜之心，便重现其身，连同刚才所变现之众多山城国土，也一并重新显现。其时，十首罗刹王重新见到刚才出现的一切景象：众多山城都十分富丽庄严，每一城中都有如来显现其中，每个如来都具三十二种相，而自己则出现于各个如来佛跟前，且每一如来佛之前都有大慧菩萨、夜叉等簇拥围绕，各各在说自证智所行之法门，又见十方诸佛国土，也都是这样毫无差别。

其时，世尊以其慧眼普观众会，突然如狮子王回头，欣然大笑，只见此时佛之眉间、髀胁、腰颈、肩臂各处的每一毛孔，都放出无量光明，如虹放彩，如日舒光，又如大火在炽热燃烧。其时，虚空中之梵天、帝释天及其四天王，遥见如来坐如须弥山，于楞伽山顶欣然大笑。其时众菩萨诸天众都在想：佛世尊于一切均坦然自在，今何故欣然大笑？通身放大光明，默默不动坐如须弥，住自证境地，入三昧妙乐，如狮子王四周环视，望着罗婆那王，念着如实之法。

此时，大慧菩萨受罗婆那王之请求，加之他洞悉在座诸菩萨之心思，深知未来一切众生都爱好执著于语言文字，常随言取义而生迷惑，执著于外道二乘之行，或者产生这样的念头：世尊已经远离诸识境界，是什么原因欣然大笑？

为了破其疑惑，所以就向佛提问佛法。佛随即说："善哉！大慧，善哉！大慧，你怜愍众生为三世恶见所缠绕，为了使他们开悟，特意向我问法。诸多有智慧之人，为了自利利他，能够作这样的提问。大慧，此楞伽王曾问过去一切如来应正等觉二种之义，现在你也提出这样的问题，今后的问法者也会提出这个问题。如来二种义差别之相，一切二乘及诸外道都不解其义。"

其时，如来知楞伽王欲问此义，便告诉他说："楞伽王，你欲问法，就快问吧，我会逐一为你解释的，满足你的愿望，使你欢喜，能够以智慧观察思维，远离一切虚妄分别，善知诸地境界，证得真实之义，入于禅定之乐，为诸如来之所摄受，安住于寂静之乐，远离二乘禅定的种种过失，住于诸佛菩萨之地，能如实知诸法本无自性。"

……

尔时，楞伽王蒙佛许已，即于清净光明如大莲花宝山顶上，从座而起，诸采女众之所围绕，化作无量种种色花，种种色香、末香、涂香，幢幡、幰盖、冠佩、璎珞[①]，及余世间未曾见闻种种胜妙庄严之具。又复化作欲界所有种种无量诸音乐器，过诸天龙乾闼婆等一切世间

之所有者；又复化作十方佛土昔所曾见诸音乐器；又复化作大宝罗网遍覆一切佛菩萨上；复现种种上妙衣服，建立幢幡以为供养，作是事已，即升虚空高七多罗树，于虚空中复雨种种诸供养云，作诸音乐，从空而下。

即坐第二日电光明如大莲花宝山顶上，欢喜恭敬而作是言："我今欲问如来二义，如是二义我已曾问过去如来应正等觉，彼佛世尊已为我说，我今亦欲问于是义，唯愿如来为我宣说。世尊，变化如来说此二义，非根本佛，根本佛说三昧乐境，不说虚妄分别所行。善哉！世尊，于法自在，唯愿哀愍，说此二义，一切佛子心皆乐闻。"

尔时，世尊告彼王言："汝应问，我当为汝说。"

时夜叉王更着种种宝冠璎珞，诸庄严具以严其身，而作是言："如来常说，法尚应舍，何况非法。云何得舍此二种法？何者是法？何者非法？法若应舍，云何有二？有二即堕分别相中，有体无体，是实非实，如是一切皆是分别，不能了知阿赖耶识无差别相②，如毛轮住非净智境，法性如是，云何可舍？"

尔时，佛告楞伽王言："楞伽王，汝岂不见瓶等无常败坏之法，凡夫于中妄生分别，汝今何故不如是知法与非法差别之相？此是凡夫之所分别，非证智见。凡夫堕在种种相中，非诸证者。楞伽王，如烧宫殿、园林，见种种焰，火性是一，所出光焰由薪力故，长短大小各各差别。汝今云何不如是知法与非法差别之相?

“楞伽王,如一种子,生芽、茎、枝叶及以花果无量差别。外法如是,内法亦然。谓无明为缘,生蕴界处一切诸法,于三界中,受诸趣生,有苦乐好丑语默行止,各各差别;又如诸识,相虽是一,随于境界有上中下染净善恶种种差别。楞伽王,非但如上法有差别,诸修行者,修观行时,自智所行亦复见有差别之相,况法与非法而无种种差别分别?楞伽王,法与非法差别相者,当知悉是相分别故。

“楞伽王,何者是法?所谓二乘及诸外道,虚妄分别说有实等为诸法因,如是等法应舍应离。不应于中分别取相,见自心法性则无执著。瓶等诸物凡愚所取本无有体,诸观行人以毗钵舍那如实观察[③],名舍诸法。楞伽王,何者是非法?所谓诸法无性无相永离分别,如实见者,若有若无如是境界彼皆不起,是名舍非法;复有非法,所谓兔角、石女儿等,皆无性相,不可分别,但随世俗说有名字,非如瓶等,而可取著,以彼非是识之所取,如是分别,亦应舍离。是名舍法与舍非法。

“楞伽王,汝先所问,我已说竟。楞伽王,汝言我于过去诸如来所已问是义,彼诸如来已为我说。楞伽王,汝言过去但是分别,未来亦然。我亦同彼。楞伽王,彼诸佛法,皆离分别,已出一切分别戏论,非如色相,唯智能证,为令众生得安乐故而演说法,以无相

智，说名如来。是故如来以智为体，智为身故，不可分别。不可以所分别，不可以我、人、众生分别。何故不能分别？以意识因境界起取色形相，是故离能分别，亦离所分别。楞伽王，譬如壁上彩画众生，无有觉知，世间众生悉亦如是。无业无报，诸法亦然，无闻无说。

"楞伽王，世间众生犹如变化，凡夫外道不能了达。楞伽王，能如是见名为正见，若他见者名分别见，由分别故，取着于二。楞伽王，譬如有人于水镜中自见其像，于灯月中自见其影，于山谷中自闻其响，便生分别，而起取著，此亦如是。法与非法唯是分别，由分别故，不能舍离，但更增长，一切虚妄，不得寂灭。寂灭者，所谓一缘，一缘者是最胜三昧，从此能生自证圣智，以如来藏而为境界。"

注释：

①幰（xiǎn）：车帷。

②阿赖耶识：亦作"阿梨耶识"、"阿剌耶识"、"藏识"、"无没识"等，瑜伽行派所立心法"八识"的第八识，具有含藏一切诸法种子之义。

③毗钵舍那：又作"毗婆舍那"，意译为"观"，观见事理之谓。

译文：

其时，楞伽王承蒙佛之应允，即于清净光明如大莲花的宝山之顶，从座而起，为众多采女所围绕簇拥，顿时又化作无数种颜色之花，种种花香、末香、涂香以及幢幡、幰盖、冠佩、璎珞等种种世间所未曾见的装饰；又变化作欲界之各种乐器，超过于诸天龙神及乐神乾闼婆之所有者；更变化作十方佛土以前所曾见过的种种乐器；再复化作大宝罗网，盖覆于诸佛菩萨之上；又化作种种上妙衣服，并竖立起幢幡以为供养。做完这一切后，楞伽王即升至虚空，有七多罗树高。在虚空中又变化出种种彩云以作供养，并奏出种种音乐，音乐声自空中而下，环绕不息。

其时，楞伽王即坐于如大莲花之宝山顶上，极是欣悦恭敬地说："我今欲问如来二义，此二义我从前已经请教过过去诸佛，过去诸佛也已经为我解说过，我今所问仍是此如来二义，但愿世尊慈悲，更为解说。世尊，变化佛曾说，此二义不是根本佛所说，根本佛说三昧乐法门，不说虚妄分别法门。善哉！世尊于一切法自在无碍，但愿世尊悲怜我等，进一步宣说此如来二义，一切佛子都十分想听世尊演说。"

其时，世尊告诉楞伽王说："此二义你应当问，我也应当为你等宣说。"

当时夜叉王更着种种宝冠璎珞，用各种宝物庄严其身，并应声道："如来常说，一切法都应该舍去，更何况非法？为什么必须舍去一切法及非法呢？那么，何者是法？何者是非法呢？法如果应该舍弃，为什么有二法之分呢？有二法之分，即是虚妄分别之相，诸如有体无体，有实无实，都是一种虚妄分别，不能了知阿赖耶识无差别之相，就像毛轮住于不净之境一样，法性本来就是这样，如何舍弃？

其时，佛对楞伽王说："楞伽王，你难道不曾看见过瓶等无常之物吗？愚妄凡夫为假相所迷惑，于中虚妄分别此是瓶，彼是非瓶，你何不借此去理解何者为法？何者为非法？这是凡夫之所分别，非是圣智见。在凡夫眼里，有此种相、彼种相，智者不为各种假相所迷惑。楞伽王，譬如用火燃烧宫殿、园林，看到种种烟焰，但其火性是一，所出现的种种烟焰，是由各种长短大小不同之木料所产生的，你今何不借此去理解何者是法？何者是非法？

"楞伽王，如一颗种子，生芽、长枝、开花并结出种种果实。外法是这样，佛法也是如此。以无明为缘，生出五蕴、十二处、十八界等，一切诸法，于欲界、色界、无色界三界中，因缘而生，有苦乐、美丑、语默、行止诸种差别；又如诸识，相虽是一，所堕之境界有上、中、下、染净、善恶之种种差别。楞伽王，不但以上所言诸法有如是差别，就是修行者修各种观行时，由于各自之智慧、境界不同，所见亦各有差别，何况法与非法，岂能无种种差别？楞伽王，法与非法之差别，应知此均属相分别。

"楞伽王，何者是法？二乘及诸外道，虚妄分别说有实法存在，这是导致有种种法存在的主要原因。如此之种种法，均应舍离，不应该于中取分别之相。能洞见自心法性，则能做到无所执著。诸如瓶等事物，乃是凡愚之所虚妄分别执著，本无有体，诸修行者，如能以理如实观察，即为舍离诸法。楞伽王，何者非法？所谓诸法无自性、无形相，永远抛弃一切虚妄分别，如实观察诸法若有若无，达到这种境界，其余妄见皆不生起，这就叫舍离非法；此外，还有一种'非法'，亦即如兔角、石女儿等，皆无自性相，不可分别只是随世俗言说，而有其名，不像瓶等，看得见摸得着，以其不是诸识之所能取著，这种分别亦应该舍离。这就是舍离法与非法。

“楞伽王，你刚才所问的，我已经回答完了。楞伽王，你说你于过去诸如来处已经问过此义，彼诸如来曾为你作过解说。楞伽王，你所说的‘过去’本身，乃是一种‘分别’，说‘未来’亦是一样。我与过去诸佛并没有什么差别。楞伽王，诸佛所说之法，皆离分别，超出戏论，非如有色有相之物，只有圣智能够证知。为了使众生得到安乐，因而才演说。因其是无相之智，故称之为‘如来’，因此，如来者，以智为体；因以智为身，因此不可分别。既无能分别，亦无所分别，不可以众生相妄加分别。何以无能分别？因有意识而才有诸境界生起，而有色形诸相，因此，无能分别，亦无所分别。楞伽王，譬如壁上彩画之众生，无有觉知，世间的众生也是这样，无有‘业’，亦无‘果报’，一切诸法也是这样，不可闻不可说。

“楞伽王，世间众生犹如幻术所变，凡夫外道不识此理。楞伽王，能如是见，名为正见，否则，则是分别见，由虚妄分别，有二元之对待。楞伽王，譬如有人于水镜中自见其像，于灯月下自见其影，于山谷中自闻其声响，便生错觉，分别取著，以自心取自心，法与非法也是一样，实乃虚妄分别的产物，对此如不能舍离，只会更加增长虚妄之见，永远不得寂灭。若了达虚妄寂灭一缘，则是最胜三昧，由此能生自证圣智，以如来藏妙净明心而为境界。”

集一切法品第二之一

本品分为四节阐释如来藏的第一个方面:“五法”,其中“相”、“名”、“妄想分别”皆是由阿赖耶识所建立。破除一切妄想分别,“正智”即可显现;“正智”之用在于消妄离垢,了达实相。“如如”即是法尔如是的如来藏清净境界。

第一节主要记述大慧菩萨首先赞叹佛之德性,即是如来藏之德性。再向佛请问一百零八义,先问种种心识,再问种种见地,问题涵盖了有关“如来藏”之义理、修行次第、证量境界的方方面面。

第二节论述两大内容:首先遮蔽一百零八句之障碍;其次论述八识生灭之相状与关系。佛陀将八识略分为“现识”(即阿赖耶识、藏识)与“分别事识”(即前七识、诸转识),二者如同泥团与微尘、金与金具的关系。藏识与诸转识有三种相状,“真相”清净无染、没有生灭,“业相”与“转相”辗转相因、生灭不已。

第三节佛陀为治凡夫七种自性,而立佛菩萨七种境界,“心所行境界”、“智所行”次第升高,至“如来自证圣智所行境界”即至佛地,是为如来藏自性清净境界。佛菩萨的七种第一义,对应于凡夫的七种自性,因此《楞伽经》能含摄、成就世间与出世间而为上上法。

第四节论述“五法”中的“分别”(妄想)、“正智”与“如如”。本节特色在于“正智”转入“如如”之时,“离心意识”即离藏识（心）、末那识（意）、前六识（识），可见如来藏与“心”不一、与“藏识”亦不一。若说《楞伽》将如来藏与阿赖耶识糅合于一处，亦非简单之杂糅，不能思维得之，必须修证悟入。

尔时，大慧菩萨摩诃萨与摩帝菩萨，俱游一切诸佛国土，承佛神力，从座而起，偏袒右肩，右膝着地，向佛合掌曲躬恭敬而说颂言：

世间离生灭，譬如虚空花；
智不得有无，而兴大悲心。
一切法如幻，远离于心识；
智不得有无，而兴大悲心。
世间恒如梦，远离于断常；
智不得有无，而兴大悲心。
知人法无我，烦恼及尔焰；
常清净无相，而兴大悲心。
佛不住涅槃，涅槃不住佛；
远离觉不觉，若有若非有。
法身如幻梦，云何可称赞？
知无性无生，乃名称赞佛。
佛无根境相，不见名见佛；
云何于牟尼，而能有赞毁？
若见于牟尼，寂静远离生；
是人今后世，离着无所取。

尔时，大慧菩萨摩诃萨偈赞佛已，自说姓名：

我名为大慧，通达于大乘，
今以百八义，仰咨尊中上。

时世间解闻是语已[①]，普观众会而作是言：

汝等诸佛子，今皆恣所问，
我当为汝说，自证之境界。

尔时，大慧菩萨摩诃萨蒙佛许已，顶礼佛足，以偈问曰：

云何起计度？云何净计度？
云何起迷惑？云何净迷惑？
云何名佛子，及无影次第？
云何刹土化，相及诸外道？
解脱至何所？谁缚谁能解？
云何禅境界？何故有三乘？
彼以何缘生？何作何能作？
谁说二俱异？云何诸有起？
云何无色定[②]，及与灭尽定[③]？
云何为想灭？云何从定觉？
云何所作生？进去及持身？
云何见诸物？云何入诸地？
云何有佛子？谁能破三有[④]？
何处身云何？生复往何处？
云何得神通，自在及三昧？

三昧心何相？愿佛为我说。
云何名藏识⑤？云何名意识⑥？
云何起诸见？云何退诸见？
云何性非性？云何唯是心？
何因建立相？云何成无我？
云何无众生？云何随俗说？
云何得不起，常见及断见？
云何佛外道？其相不相违？
何故当来世，种种诸异部？
云何为性空？云何刹那灭？
胎藏云何起⑦？云何世不动？
云何诸世间，如幻亦如梦？
乾城及阳焰⑧，乃至水中月？
云何菩提分？觉分从何起？
……

注释：

①世间解：佛之十大尊号之一。

②无色定：此指外道之“四空定”，亦即虽空诸法，而不能见“我空”，故还流转于三世。

③灭尽定：又称“灭尽三昧”、“灭想受定”、“灭定”，意为指灭尽六识之心、心所之禅定。

④三有：“三界”之异名，此指三界生死之境界：一欲有，欲

界之生死；二色有，色界之生死；三无色有，无色界之生死。

⑤藏识：八识中第八之“阿赖耶识”之异名，意为含藏一切种子之识。

⑥意识：八识中的第六识，依意根而起，以法为境的认识。

⑦胎藏：具有隐覆、含藏二义。一隐覆义，如人隐于母胎之中，佛性隐于烦恼之中；二含藏义，如母胎含藏子体，佛性具足一切功德。此处指依如来藏而有生死，与生死胎为藏。

⑧阳焰：或作“扬焰”，原指春天时日光映浮尘，见微尘四处游动，即《庄子》书中所说之“野马尘埃”。佛经中常以此为喻，说渴鹿见阳焰，便生水想，竞相驰趋。

译文：

其时，大慧菩萨与摩帝菩萨一起游历诸佛国土，借助于佛之神力，从座而起，偏袒右肩，右膝着地，双手合掌，向佛鞠躬致敬，并说颂：

世间一切无生无灭，犹如虚空中之花，
智者不着有着无，而起大悲之心。
一切诸法如梦如幻，迷离于心意意识，
智者不着有着无，而起大悲之心。
世间一切常如梦幻，远离于恒常与断灭，
智者不着有着无，而起大悲之心。
懂得人法俱无自性，一切烦恼与惑障，
常清净而无自相，而起大悲之心。
佛不住于涅槃，涅槃也不住佛；

觉与不觉均悉远离，一切诸佛有而非有。

法身亦如梦如幻，怎么可以称颂呢？

识得无生无性之理，此乃真赞颂佛。

佛无诸根境之相，不见佛乃名真见，

如何能对释迦牟尼佛，有所赞毁呢？

若真能见到佛，则寂静远离于生灭，

此人当今后世，迷离执著一无所取。

其时，大慧菩萨以颂赞佛之后，自说姓名：

我名为大慧，通达于大乘，

今以百八义，请教于世尊。

世尊听了大慧菩萨的话后，普观众会并说：

佛门众弟子，今都来问我佛法，

我当为你等说，自证圣智境界。

其时，大慧菩萨蒙佛俯允，顶礼佛足，并以偈颂问于世尊：

妄计性是如何生起的，又应如何断灭？

无明惑染是如何生起的，又应如何断灭？

因何而名为佛子？无相法中因何而有次第？

何因有十方国土，及种种化相和诸外道？

解脱后去往何处？被谁所缚谁能解缚？

禅以何为境界？何故而有三乘之分？

诸法以何因缘而生？谁是能生因谁是所作果？

谁说一异俱不俱？色无色三界因何而起？

如何是小乘外道之四空定？如何是灭尽定？

如何灭想受定？如何从定得觉？
因如何生果？身又如何去住？
如何观见五法、三自性？如何趣入如来地？
因何有佛子？谁又是破三界生死者？
破三界生死者身又如何？既破三界又往何处生？
如何得种种神通，以及自在三昧？
三昧心是何相状？愿佛为我等解说。
何因名为藏识？又何故名为意识？
因何起诸法种种见？如何灭尽所见？
为何已有三乘五姓差别，又说一切唯是心？
因何建立种种相？又如何成立无我义？
如何说无众生寿者等，因何又随俗说有？
如何是不起常见？如何是不起断见？
为何佛与外道，其相多有不相违背者？
为何于未来，有十八部等种种差别？
如何是一切法其性本空？何因诸法刹那生灭？
如来藏如何生起诸法？世间诸法生灭体性何故不动？
为何说世间一切诸法，如幻又如梦？
又如乾闼婆城和阳焰微尘，乃至水中月？
何谓三十七菩提分？此等菩提分又是如何生起？
……

尔时，大慧菩萨摩诃萨白佛言：“世尊，何者是一百八句？”

佛言："大慧，所谓生句非生句，常句非常句，相句非相句，住异句非住异句，刹那句非刹那句，自性句非自性句，空句非空句，断句非断句，心句非心句，……文字句非文字句。大慧，此一百八句皆是过去诸佛所说。"

尔时，大慧菩萨摩诃萨复白佛言："世尊，诸识有几种生住灭？"

佛言："大慧，诸识有二种生住灭，非臆度者之所能知。所谓相续生及相生，相续住及相住，相续灭及相灭。诸识有三相，谓转相、业相、真相[①]。

"大慧，识广说有八，略则唯二，谓现识及分别事识。大慧，如明镜中现诸色像，现识亦尔。大慧，现识与分别事识[②]，此二识无异相互为因。大慧，现识以不思议熏变为因[③]，分别事识以分别境界及无始戏论、习气为因。大慧，阿赖耶识虚妄分别，种种习气灭即一切根识灭，是名相灭。大慧，相续灭者，谓所依因灭及所缘灭即相续灭。所依因者，谓无始戏论、虚妄习气；所缘者，谓自心所见分别境界。大慧，譬如泥团与微尘非异非不异，金与庄严具亦如是。大慧，若泥团与微尘异者，应非彼成而实彼成，是故不异。若不异者，泥团、微尘应无分别。

"大慧，转识藏识若异者[④]，藏识非彼因；若不异者，转识灭藏识亦应灭，然彼真相不灭。大慧，识真相

不灭，但业相灭。若真相灭者，藏识应灭。若藏识灭者，即不异外道断灭论。大慧，彼诸外道作如是说，取境界相续识灭，即无始相续识灭。大慧，彼诸外道说相续识从作者生⑤，不说眼识依色光明和合而生，唯说作者为生因故，作者是何？彼计胜性丈夫自在时及行微尘为能作者。”

注释：

①转相、业相、真相：真相，如来藏心，在缠不染，不生不灭者，名“真相”。根本无明令如来藏海起诸识浪，动而作业，此即阿赖耶识极微细之相，名“业相”。依前业相转成能缘所缘之境，生七转识，名为“转相”。

②现识：“阿赖耶识”之异名，谓一切诸法皆依阿赖耶识而现起，故名。分别事识：八识中除阿赖耶识外之其他七识，即眼识、耳识、鼻识、舌识、身识、意识、末那识。与色、声、香、味、触、法诸境相对，而起虚妄分别，故名。

③不思议熏变：谓真如不可熏，而能受熏，真如受无明之熏习而生诸妄法，称为“不思议熏”。

④转识：唯识论所说八识，第八之阿赖耶识为本识，余七识为“转识”，亦即阿赖耶识转生之末识。

⑤作者：外道十六神我之一，以此神我为生因，作众事。

译文：

其时，大慧菩萨又对佛说：“世尊，何者是一百零八句？”

佛说:“大慧,一百零八句者,亦即生句与非生句,常句与非常句,相句与非相句,住异句与非住异句,刹那句与非刹那句,自性句与非自性句,空句与非空句,断句与非断句,心句与非心句,……文字句与非文字句。大慧,此一百零八句义都是过去诸佛之说。”

其时,大慧菩萨又对佛说:“世尊,诸识有几种生住灭?”

佛说:“大慧,诸识有二种生住灭。这二种生住灭不是凡夫及因位菩萨智慧所能认识的。二种生住灭者,所谓相续(“相续”即因果流转相续不断之意)生及相生,相续住及相住,相续灭及相灭。诸识有三相,即转相、业相和真相。

“大慧,识广说有八(即眼识、耳识、鼻识、舌识、身识、意识、末那识、阿赖耶识),略说有二,谓现识(即阿赖耶识)及分别事识(即前七识)。大慧,譬如镜中显现诸色相,现识也是这样。现识与分别事识二者无异,相互为因。大慧,现识以不思议熏变(即无明熏习真如而生妄法)为因;分别事识以虚妄分别境界及各种戏论、习气为因。大慧,阿赖耶识虚妄分别各种习气灭,即一切根识皆灭,此为相灭。大慧,所谓相续灭者,即所依之因、缘皆灭,此为相续灭。所依之因者,如无始戏论、虚妄习气等等;而所缘者,即自心所见之虚妄分别境界。大慧,譬如泥团与微尘,既非异又非不异;金与各种由金做成的器具也是一样。大慧,如果泥团与微尘异,那么,泥团应不是由微尘构成的,但实际上,泥团是由众多微尘构成的,所以说二者不异。如若不异,泥团与微尘应该毫无差别。

“大慧,藏识(即阿赖耶识)与诸转识(即八识中之前七

识）若异，藏识则非是彼七转识之因；若不异者，转识灭后，藏识也应灭，但实际上，藏识之真实相不灭。大慧，藏识之真实相不灭，而其业相则有生灭。若藏识之真实相灭，则藏识也应灭。如果藏识之真实相灭，此则与外道之断灭论无异。大慧，彼诸外道见身命终时，四大离散，眼等六识不能取境，即以为无始相续识永灭，更无业报受生相续。大慧，彼诸外道说相续识从神我生，不说眼等诸识从色等因缘生，只认神我为生因，故名之为外道。造作者是谁呢？彼以胜妙天主、神我、大自在天及微尘为能作者。

"复次，大慧，有七种自性[①]：所谓集自性、性自性、相自性、大种自性、因自性、缘自性、成自性。

"复次，大慧，有七种第一义：所谓心所行、智所行、二见所行、超二见所行、超子地所行、如来所行、如来自证圣智所行[②]。大慧，此是过去、未来、现在一切如来应正等觉，法自性第一义心，以此心成就如来世间、出世间最上法，以圣慧眼入自、共相种种安立，其所安立不与外道恶见共。

"大慧，云何为外道恶见？谓不知境界自分别现，于自性第一义，见有见无，而起言说。大慧，我今当说，若了境如幻自心所现，则灭妄想、三有、苦及无知爱业缘。大慧，有诸沙门、婆罗门，妄计非有及有，于因果外显现诸物，依时而住；或计蕴界处[③]，依缘生住有已

即灭。大慧，彼于若相续若作用、若生若灭、若诸有、若涅槃、若道、若业、若果、若谛，是破坏断灭论。何以故？不得现法故，不见根本故。

注释：

①七种自性：此有二解。一是宋宝臣在《注大乘入楞伽经》中对七种自性的诠释，认为此七种自性主要是阐明“染净二缘，真妄识体”，而释“集自性”为烦恼，谓烦恼体性能集善恶等业；既有集因，必有未来果报，故言“性自性”；既有苦果，必有形相，故言“相自性”；形相即从四大种子生，故言“大种自性”；而四大乃从因缘所成，故言“因自性”、“缘自性”、“成自性”。但是丁福保在《佛学大辞典》中认为此是指如来有七种不变之性（详见丁福保编《佛学大辞典》文物出版社 1984 年版，第五一九页），认为所谓“集自性”，即万善聚集之因；二“性自性”者，即万善聚之因各有自性存其内；三“相自性”者，即万善聚之因，各有相现于外；四“大种自性”者，“大种”即地、水、风、火四大之种子，此谓“四大各有自性”，今就圣报而言，即此大种自性乃足法性五蕴之果；五“因自性”者，即证圣果报之因；六“缘自性”，即证圣果报之助缘；七“成自性”者，即成就如来果德之性。笔者以为宝臣说较符合经文之本义，故取宝臣说。

②“所谓心所行”至“如来自证圣智所行”：心所行境界者，谓“发心菩萨”，缘第一义法性如来藏心，故名“心所行胜解行地菩萨”；智所行境界者，缘于真如，起十种智慧，故名“智所行初地菩萨”；正证真如，见人、法二种无我，故名“二见所行”；八地

菩萨，超二乘，过七地，故名“超二见所行”；十地菩萨超九地，九地又名“佛子地”，故名“超子地所行”。后二地即“佛地”。

③蕴界处：泛指一切诸法。蕴，指“五蕴”：色、受、想、行、识。处，指“十二处”：六根（眼、耳、鼻、舌、身、意）与六境（色、声、香、味、触、法）。界，指“十八界”，十二处加上眼识、耳识、鼻识、舌识、身识、意识。

译文：

“此外，大慧，有七种自性：所谓集自性（谓烦恼体性，能集善恶诸业，故名烦恼为‘集自性’）、性自性（既有集因，必有未来苦果性，故言‘性自性’）、相自性（既有苦果，必有形相，故言‘相自性’）、大种自性（形相从四大之种子生，故言‘大种自性’）、因自性、缘自性、成自性（既有四大，即从因缘所成，故言‘因自性’、‘缘自性’、‘成自性’）。

“此外，大慧，有七种第一义：所谓心所行境界，智所行境界，二见所行境界，超二见所行境界，超子地所行境界，如来所行境界，如来自证圣智所行境界。大慧，这是过去、未来、现在如来自性第一义心，以此第一义心成就世间、出世间最上之法，以佛智慧，建立各种自相、共相，而此自相、共相不同于外道之恶见。

“大慧，何谓外道之恶见呢？外道之恶见者，即不懂得种种境界乃是虚妄分别的结果，而于究竟真理、诸法实相上见有或见无，妄起言说。大慧，我今当说，若了知诸境如梦如幻，均是自心之所显现，则一切妄想、三界生死、一切诸苦及无知爱业诸缘，悉皆尽灭。大慧，有诸沙门、婆罗门，虚妄执著有及非有，于因果外计着各种事物的显现，依时而住，此皆外道之主张；或虚妄执著五蕴、十二处、十八界等，依因缘生住，无常变异，生已即灭，不了常住真心，这都是外道之看法。大慧，如认为相续之体始无后有，视蕴界人名为涅槃，目修道所得名为果，凡此等等，皆是破坏诸法因果相续之断灭见。为什么这么说呢？因他们不能如实观察的缘故，因不见根本的缘故。

"大慧，譬如瓶破不作瓶事，又如焦种不能生芽，此亦如是。若蕴界处，法已现当灭，应知此则无相续生，以无因故，但是自心虚妄所见。复次，大慧，若本无有识，三缘合生，龟应生毛，沙应出油，汝宗则坏，违决定义，所作事业悉空无益。大慧，三合为缘①，是因果性，可说为有，过、现、未来从无生有。此依住觉想地者，所有理教及自恶见熏习余气，作如是说。大慧，愚痴凡夫恶见所噬，邪见迷醉，无智妄称一切智说。

"大慧，复有沙门、婆罗门，观一切法，皆无自性，如空中云，如旋火轮，如乾闼婆城，如幻如焰，如水中月，如梦所见，不离自心，由无始来虚妄见故取以为外，作是观已，断分别缘，亦离妄心所取名义，知身及物并所住处一切皆是藏识境界，无能所取及生住灭，如是思惟恒住不舍。

"大慧，此菩萨摩诃萨不久当得生死涅槃二种平

等，大悲方便，无功用行，观众生如幻如影，从缘而起，知一切境界离心无得，行无相道，渐升诸地，住三昧境，了达三界皆唯自心得，如幻定绝众影像成就智慧证无生法，入金刚喻三昧[②]，当得佛身恒住如如，起诸变化，力通自在。大慧，方便以为严饰，游众佛国，离诸外道，及心意识，转依次第，成如来身。

“大慧，菩萨摩诃萨欲得佛身，应当远离蕴界处心因缘所作生住灭法戏论分别，但住心量[③]，观察三有无始时来，妄习所起，思惟佛地无相无生自证圣法，得心自在，无功用行，如如意宝，随宜现身，令达唯心，渐入诸地。是故大慧，菩萨摩诃萨于自悉檀应善修学。

注释：

①三合：指根、境、识三事和合。

②金刚喻三昧：禅定之一种，此定如金刚，能摧破一切障碍，通达无碍。

③心量：心量有两种，一是凡夫之心量，心起妄想，各种度量执著；二是如来具证之心量，远离一切能缘所缘而住于无心之心。

译文：

“大慧，譬如瓶一旦破了，就不再是瓶；烧焦的种子，就不能再发芽，此中的道理也是这样。蕴界处诸法虽生即灭，应知此等诸法无自性故，只是自心虚妄分别的结果。此外，大慧，如果本无有识，三缘和合则生，那么龟应该生毛，沙也应该出油，如此，你所依据的理论就不能成立了，这与佛法之究竟义是相违背的，所做的事业也是徒劳无益的。实际上，龟本无毛，沙本无油，三缘体空，如何生果？又，大慧，外道说三缘和合，是因果性，可说为有，成过去、未来、现在三世诸法。此乃邪谬相承，及自恶见故作如是说。大慧，诸愚昧凡夫，为恶见所迷，不能自知愚痴，反而妄称此即是一切智说。

“大慧，又有沙门、婆罗门看到了一切诸法皆无自性，有如空中之云，又如飘忽不定之火焰，如幻有实无之乾闼婆城，如梦如幻如焰，如水中月，如梦中所见到的一切，均不离自心，由无始妄见熏习，取以为外，如此思维观察诸法，断除各种分别之见，也远离虚妄心所取的一切名义，了知自身及一切事物都是藏识之所显现，既无能取，亦无所取，更无各种生住灭，如此思维观察，锲而不舍。

“大慧，此大菩萨不久即可得生死涅槃平等无二之心，大悲方便之行，观众生如幻如影，从各种缘而生起，知一切境界离开自心即一无所得，行于实相无相之道，从诸地渐进而升，住于三昧乐之境界，了知三界皆唯是自心，得如幻三昧（了达一切诸法如幻之理的禅定），离绝众虚幻之影像，成就最上智慧，证得不生不灭之理，入于金刚喻三昧（指断除一切烦恼之禅定），证得佛身，常住于如如之境，具诸神通，变化自在。大慧，佛身以各种方便化现游众佛国，远离外道及心意识之展转转依，次第成就如来之身。

“大慧，大菩萨欲得佛身，应当远离蕴界处诸法，远离心因缘所生之各种生灭法，远离各种戏论及种种虚妄分别，但住于远离一切能缘所缘如来真证心量，观察三界无始以来为妄习所熏而起生死种种分别，思维无相无生之佛境界，自证圣法，得心自在无碍之功用，犹如如意宝珠，随宜现身，达于唯心之境，渐渐入于佛地。因此一切大菩萨于此法应当善于修学。

集一切法品第二之二

本品主要论述如来藏的第二个方面:“藏识”与“正智”以及如何修证如来藏,共九节。

第一节阐释“藏识”以及其与前七识的关系。藏识即“阿赖耶识”,前七识在藏识海中风熏浪起,从而建立众生与世间。

第二节讲述何为“圣智”,如何修证圣智以及用圣智来观察八识。证悟圣智须了达三相:“无影像相”、“一切诸佛愿持相”、“自证圣智所趣相”。外道皆堕入有无、常断等二边见中,不能彻底了解心的识量和自心境界。

第三节分三个方面教导如何“净心现流”,即净除自心上的妄见妄想。首先须知对于不同根器,理事分四渐、四顿;其次阐明佛陀法、报、化三身差别;第三方面通过明晰声闻二境界局限,以显楞伽义理超越三乘。

第四节与第五节都阐释了“常不思议自证圣智第一义境”,第四节通过与外道、小乘的比较来辨别此“第一义”境界的殊胜之处;第五节介绍五种种姓差别,菩萨一阐提不得成佛。

第六节明确何为“三自性”与“二无我”。五法中的“相”、“名”属于缘起自性,“分别”属于妄计自性,“正智”与“如如”属于圆成自性。唯有证得人空、法空之智,才能获如来身。

第七节论说对于人我、法我的两种错误见地:“建立”与“诽

谤”。建立是为“增益”，诽谤则为“减损”，二者皆为妄想执著。至此佛陀总结：若能修证八识、五法、三自性、二无我，了知外道境界唯是自心所现，不堕二边，即是“圣智究竟”。

第八节说如来藏智的“四相”与“三义”。四相即空、无生、无二与无自性相；其中佛陀以七种空相明确如来藏之空为“深般若波罗蜜”。如来藏的三重本性即：如来藏本性清净、常恒不变、具足三十二相而自在与一切众生身中。以此四相、三义作为内涵的如来藏区别于外道种种“神我”妄见，是为接引众生入于空、无相、无缘的三解脱门之方便设教。

第九节开始讲述如何修证如来藏。总括说有四种观行方式作为菩萨修行的大方便，分别是善观自心所现、远离生住灭见、善知外法无性及专修自证圣智。而以菩萨修行次第来论，则分为三位：资粮位、加行位、修习位。本节阐释了以诸法因缘相作为地前菩萨的资粮位。

尔时，大慧菩萨摩诃萨复白佛言：“世尊，唯愿为我说心、意、意识、五法自性相众妙法门。此时，一切诸佛菩萨，入自心境，离所行相，称真实义诸佛教心[①]，唯愿如来为此山中诸菩萨众，随顺过去诸佛演说藏识海浪法身境界。”

尔时，世尊告大慧菩萨摩诃萨言：“有四种因缘眼识转。何等为四？所谓不觉自心现而执取故，无始时来取著于色虚妄习气故，识本性如是故，乐见种种诸色相故。大慧，以此四缘，阿赖耶识如瀑流水，生转识浪如眼识，余亦如是，于一切诸根微尘毛孔眼等，转识或顿生，譬如明镜现众色像；或渐生，犹如猛风吹大海水，心海亦尔，境界风吹起诸识浪，相续不绝。

“大慧，因所作相非一非异，业与生相，相系深缚，不能了知色等自性，五识身转[②]。大慧，与五识俱，或因了别差别境相有意识生，然彼诸识不作是念，我等同时展转为因，而于自心所现境界分别执著俱时而起，无差别相，各了自境。大慧，诸修行者，入于三昧，以习力微，起而不觉知，但作是念，我灭诸识，入于三昧，实不灭识而入三昧，以彼不灭习气种故，但不取诸境名为识灭。

“大慧，如是藏识，行相微细，唯除诸佛及住地菩萨，其余一切二乘外道，定慧之力，皆不能知，唯有修行如实行者，以智慧力了诸地相，善达句义，无边佛所，广集善根，不妄分别自心所见，能知之耳。大慧，诸修行人宴处山林，上中下修，能见自心，分别流注，得诸三昧，自在力通，诸佛灌顶，菩萨围绕，知心意意识所行境界，超爱业无明生死大海，是故汝等应当亲近诸佛菩萨，如实修行，大善知识。”

尔时，世尊重说颂言：

譬如巨海浪，斯由猛风起；
洪波鼓溟壑，无有断绝时。
藏识海常住，境界风所动；

种种诸识浪，腾跃而转生。
青赤等诸色，盐贝乳石蜜；
花果日月光，非异非不异。
意等七种识，应知亦如是；
如海共波浪，心俱和合生。
譬如海水动，种种波浪转；
……

尔时，大慧菩萨摩诃萨以颂问曰：

青赤诸色像，众生识显现；
如浪种种法，云何愿佛说。

尔时，世尊以颂答曰：

青赤诸色像，浪中不可得；
言心起众相，开悟诸凡夫。
而彼本无起，自心所取离；
能取及所取，与彼波浪同。
身资财安住，众生识所现；
是故见此起，与浪无差别。

注释：

①真实义诸佛教心：佛教言心，凡有四种：一者众生当前现实之人心，梵音称为“纥利陀耶”；二者缘虑心，佛教中所云之心所法；三者集起心，能聚诸法种子，起种种现行，指第八识即阿赖耶识，梵音曰“质多耶”；四者真实心，梵音为“乾栗陀耶”，即

此经所云之“真实义诸佛教心”。

②五识：瑜伽行派八识中的前五识，依眼、耳、鼻、舌、身五根而生，缘色、声、香、味、触五境之心识。此八识因能变现万法，又称之为“能变”，其中第八之阿赖耶识为“初能变”，第七之末那识为“次能变”，前六识为“三能变”。

译文：

其时，大慧菩萨又对佛说：“世尊，请为我等说心、意、意识及五法、三自性等众妙法门，这是一切诸佛菩萨入自心境界，离所行相之真实佛心，但愿世尊为此山中之诸菩萨，随顺过去诸佛，演说此如来藏识法身境界。”

其时，世尊告诉大慧菩萨及诸大菩萨说：“有四种因缘而眼识生。哪四种呢？一者不觉知外境是自心之所显现，而虚妄分别执著；二者从无始以来，为色之妄想所迷惑熏习；三者识之自性即在于思量、了别；四者喜乐见诸色相。大慧，正是由此四缘，故藏识大海生眼识等诸识浪。眼识是这样，耳、鼻、舌、身诸识也是如此，于一切根尘毛孔眼等诸转识顿生，譬如明镜一照，众色像顿时显现；或渐生，如风吹大海，波浪随着生起。如来藏心海也是如此，外境风吹，诸转识则起，造业受报，生死不绝。

“大慧，因（即第八之如来藏识）所作相（即余七转）既非一，亦非异。第八识所变现之根身境界（即生相），六、七二识执为实我实法，由此引起前五识之种种造业，感诸果报，生死不绝。这都是不明了色等诸尘皆是由妄心分别所现。大慧！眼等五识与色等五尘俱时，因为了别色等差别之相故意识生，所以应

当了知，根尘诸境皆是众生自心妄识互为因果之所现。但诸识不知一切均是自心之所妄现，以为各自能了自分境界。因此分别各自境界，执著自识之名。大慧，有些修行者入于三昧时，以为诸识俱灭，不知诸识习气种子，依于藏识不灭，自以为已灭诸识，入于三昧境界，实则未入三昧境界，因为其所谓灭识，只是六识不取诸尘境界，而未灭习气种子。

"大慧，藏识生住异灭四相，甚微甚细，唯佛与住地菩萨方能了知，此外，修二乘及诸外道之禅定、智慧者，皆不能知。只有修习如实行者，以其智慧，方能了知诸地性相，善达种种句义，觉了无边佛所广集善根，不虚妄分别取著自心所见，是为能知。大慧，诸修行者晏处山林，上中下修，能见自心之两种生住灭，得无量自在力神通三昧，诸佛为其灌顶授记，知心、意、意识自心自体境界，离脱爱业无明生死大海，所以，你等应当亲近诸佛菩萨，如实修行。"

其时，佛重说偈颂道：

譬如巨海浪，乃由大风而起，
风高浪急，此伏彼起，水无断绝之时。
如来藏识亦如大海，因无明境界风，起各种识浪，
展转相生，无有断绝。
青赤诸颜色所起之眼识，珂贝等音声所起之耳识，
檀乳等芳香所起之鼻识，咸淡诸味所起之舌识，
如是七识，与之藏识，既非同，亦非异。
譬如水与波浪，日月与光明，非同非异，
七识与藏识非同非异亦是这样。

意等七种识，有如海波浪，
因风而水动，种种波浪转。
……

其时，大慧菩萨以偈颂问道：

为何青赤等色像，乃由眼竿诸识所显现；
如大海中所起的波浪，请世尊加以解说。

世尊当即以颂作答道：

青赤诸色像，如海中波浪，
均空无自性，故言不可得；
青赤诸色像，均依如来藏而起，
故亦非一无所有，应知此非一非异之道理。
然彼如来藏清净心本无有生起，
只是众生虚妄分别、虚妄执著；
一切能取及所取，与大海中之波浪毫无二致。

一切众生及以一切资生财物，乃是由众生之心识，虚妄分别所现。

因此，一切诸法，森罗万象，与大海中之波浪毫无差别。

“复次，大慧，菩萨摩诃萨若欲了知能取所取分别境界[①]，皆是自心之所现者，当离愦闹、昏滞、睡眠，初中后夜勤加修习，远离曾闻外道邪论及二乘法，通达自心分别之相。

“复次，大慧，菩萨摩诃萨住智慧心所住相已，于上

圣智三相当勤修学。何者为三？所谓无影像相、一切诸佛愿持相、自证圣智所趣相。诸修行者获此相已，即舍跛驴智慧心相[②]，入菩萨第八地，于此三相修行不舍。大慧，无影像相者，谓由惯习，一切二乘外道相故得生起；一切诸佛愿持相者，谓由诸佛自本愿力所加持故，而得生起；自证圣智所趣相者，谓由不取一切法相，成就如幻三昧身，趣佛地智故而得生起。大慧，是名上圣智三种相，若得此相，即到自证圣智所行之处，汝及诸菩萨摩诃萨应勤修学。"

尔时，大慧菩萨摩诃萨知诸菩萨心之所念，承一切佛威神之力，白佛言："唯愿为说百八句差别所依圣智事自性法门，一切如来应正等觉，为诸菩萨摩诃萨堕自共相者，说此妄计性差别义门，知此义已，则能净治二无我观境，照明诸地，超越一切二乘外道三昧之乐，见诸如来不可思议所行境界。毕竟舍离五法自性，以一切佛法身智慧，而自庄严入如幻境，住一切刹兜率陀宫、色究竟天[③]，成如来身。"

佛言："大慧，有一类外道，见一切法随因而尽，生分别解，想兔无角，起于无见，如兔角无，一切诸法悉亦如是。复有外道，见大种求那尘等诸物[④]，形量分位，各差别已，执兔无角，于此而生牛有角想。大慧，彼堕二见，不了唯心，但于自心增长分别。大慧，身及资生器世间等，一切皆唯分别所现。大慧，应知兔角离于有无，诸法悉然，勿生分别。云何兔角离于有无？互因待故，分析牛角乃至微尘，求其体相终不可得，圣智所行远离彼见，是故于此不应分别。”

尔时，大慧菩萨摩诃萨复白佛言：“世尊，彼岂不以妄见起相比度观待妄计无耶？”

佛言：“不以分别起相待以言无。何以故？彼以分别为生因故。以角分别为其所依，所依为因离异不异，非由相待显兔角无。大慧，若此分别，异兔角者，则非角因，若不异者，因彼而起。大慧，分析牛角乃至极微，求不可得，异于有角言无角者，如是分别决定非理，二俱非有谁待于谁，若相待不成，待于有故言兔角无，不应分别，不正因故。有无论者，执有执无，二俱不成。

“大慧，复有外道，见色形状虚空分齐而生执著，言色异虚空起于分别。大慧，虚空是色，随入色种。大慧，色是虚空，能持所持建立性故。色空分齐应如是知。大慧，大种生时自相各别，不住虚空中，非彼无虚空。大慧，兔角亦尔，观待牛角言彼角无。大慧，分析牛角乃至微尘，又析彼尘，其相不现。彼何所待，而言无耶？若待余物，彼亦如是。大慧，汝应远离兔角牛角、虚空及色所有分别，汝及诸菩萨摩诃萨，应常观察自心所见分别之相，于一切国土为诸佛子说观察自心修行之法。”

尔时，世尊即说颂言：

心所见无有，唯依心故起；
身资所住影，众生藏识现。
心意及与识，自性五种法：
二无我清净，诸导师演说。
长短共观待，展转互相生；
因有故成无，因无故成有。
微尘分析事，不起色分别；
唯心所安立，恶见者不信。
外道非行处，声闻亦复然；
救世之所说，自证之境界。

注释：

①能取所取：亦称“能缘”、“所缘”。谓眼等心识，攀缘色等诸境。眼等诸识为能缘、能取，色等外境为所缘、所取。

②跛（bǒ）驴：喻未得无功用慧者。

③色究竟天：色界十八天之一，为色界之最高境界，故称“色究竟天”。

④大种：即地、水、风、火四大。此四大遍于一切诸法，故名“大”；能造一切诸法，故名“种”。

译文：

“此外，大慧，大菩萨若欲了知能取（眼等诸识攀缘色等外境）、所取（为眼等心识所攀缘之色等诸外境）的分别境界，皆是自心之所现者，应当远离愦闹、昏滞、睡眠诸障，勤加修习，远离曾所听闻之外道、二乘之法，了达诸法悉是自心分别之相。

“大慧，大菩萨若欲了达自心分别之相，应于圣智三相勤加修学。何谓三相？亦即无影像相、一切诸佛愿持相和自证圣智所趣相。诸修行者若获此相，即舍离跛驴智慧心相，入于菩萨第八地，于此三相修行不舍。大慧，所谓无影像相者，即由于惯习，外道二乘种种相生，此种相本为佛所呵斥，但为使其回心归正，故应观察修习；一切诸佛愿持相者，谓诸佛本发誓愿，住持世间，利乐有情，严净国土；自证圣智所趣相者，谓对一切法相皆不执著，得如幻三昧身，于诸佛地进趣修行。大慧，若修习此三相，即能到如来佛地，你及诸大菩萨应勤加修习。”

其时，大慧菩萨知道一切菩萨心中所想，承佛之威力，对佛说：“请佛为我等再说一百零八句差别所依，五法圣智事，三自性法门等。一切诸佛，为诸大菩萨堕自相、共相，说此妄计所执自性，知此妄计所执自性之义，即能清净人人无我、法无我境界，善解诸地，得超越一切外道声闻缘觉之三昧乐，见诸如来不可思议境界。彻底舍离五法自体行相，以佛智慧入于如幻三昧境界，住一生补处菩萨所居处，成就如来之身。”

佛说：“大慧，有一种外道，见一切法随因而灭，遂生分别想。兔本无角，起于无见，如兔角无，一切诸法也是这样。又有外道，见四大和合而能生物，一切根身尘境缘未散时，形量千差万别，故而生兔无角、牛有角之想。大慧，此堕虚妄分别之见，不明了万法唯是自心，但于自心妄加分别。大慧，一切众生及国土世间，一切正报及与依报，一切诸法皆是自心虚妄分别

所现。大慧，应知兔角离于有无，诸法也是这样，勿生分别。为什么说兔角离于有无呢？此乃是相待而言，因牛有角，而兔则无角，相对待而言，故言兔角无。但牛角之有，乃至世间一切诸法，其自体性，都不可得，佛之智慧远离此种种有无之见，因此，于此不应妄加分别。”

其时，大慧菩萨又对佛说：“彼既离有见，不以作牛有角想，岂不又妄计无了吗？”

佛答道：“不以分别心来观待相而说无，为什么呢？彼妄见者，以虚妄分别为生因，以角之有无作为分别之依据，既以所依为因，即妄计有无，但是，分别与角，都无自性，离异不异，非由相待牛角而显兔角无。大慧，若此分别不同于兔角者，则不是兔角的因，若不异者，又是因兔角无而生起。大慧，分析牛角乃至各种事物，都无自性，都不可求。相对于有角而言无角，如此分别不合于道理。牛角兔角均无自性，都不可求，又是谁待于谁呢？相待既不能成立，待于有故言兔角无，不应妄加分别，非正因故。有无论谓有以无为因，无以有为因，二因既不正，言有言无、执有执我皆属戏论。

“大慧，又有外道见虚空无形相分齐，色相异于虚空，有形状质碍之变异，而生执著，言色异空，起妄分别。大慧，虚空即是色，以色大入于虚空故；色即是虚空，色与虚空互为能所，以依色分别虚空，依虚空分别色故。色与虚空之关系应如是知。大慧，四大所生，其相各异，不住于虚空，然四大中非无虚空，色性即是空。大慧，兔角也是这样，相对于牛角而言兔角无。大慧，分析牛角乃至世间万物，均无其自性，兔角又何所待而言无

呢？若相对于其他事物言，也是如此。大慧，你应远离兔角牛角、虚空与色等种种分别，和诸大菩萨，应当善于观察自心所现之种种虚妄分别之相，于一切国土为诸佛子说观察自心修行之法。”

其时，世尊即说颂道：

一切诸法均无自性，唯由自心显现而起；
众生及一切器世间，都是藏识之所显现。
心、意及意识，自性及五法，
无人我、法我，诸佛如是说。
长短及各种互相对待之物，展转互相生；
因有故成无，因无故成有。
分析微尘及一切法，不起色与虚空之分别；
都是自心之所安立，一切恶见邪说都不可置信。
不可取外道及二乘之修行方法，
应学诸佛之所说所行之自证智法门。

尔时，大慧菩萨摩诃萨，为净心现流故而请佛言：“世尊云何净诸众生自心现流？为渐次净？为顿净耶？”

佛言：“大慧，渐净非顿，如庵罗果渐熟非顿，诸佛如来净诸众生自心现流，亦复如是，是渐净非顿；如陶师造器，渐成非顿，诸佛如来净诸众生自心现流，亦复如是，是渐而非顿；譬如大地生诸草木，渐生非顿，诸佛如来净诸众生自心现流，亦复如是，渐而非顿。大

慧，譬如人学音乐书画，种种伎术，渐成非顿，诸佛如来净诸众生自心现流，亦复如是，是渐而非顿。譬如明镜，顿现众像而无分别，诸佛如来净诸众生自心现流，亦复如是，顿现一切无相境界而无分别；如日月轮一时遍照一切色像，诸佛如来净诸众生自心过习，亦复如是，顿为示现不可思议诸佛如来智慧境界；譬如藏识顿现于身及资生国土，一切境界，报佛亦尔，于色究竟天，顿能成熟一切众生令修诸行；譬如法佛顿现报佛及以化佛，光明照耀，自证圣境亦复如是，顿现法相而为照耀，令离一切有无恶见。

"复次，大慧，法性所流，佛说一切法自相共相，自心现习气因相，妄计性所执因相，更相系属种种幻事皆无自性，而诸众生种种执著取以为实，悉不可得。复次，大慧，妄计自性执著缘起自性起。大慧，譬如幻师以幻术力，依草木瓦石幻作众生若干色像，令其见者种种分别，皆无真实。大慧，此亦如是，由取著境界习气力故，于缘起性中，有妄计性种种相现，是名妄计性生。大慧，是名法性所流佛说法相。

"大慧，法性佛者，建立自证智所行离心自性相。大慧，化佛说施、戒、忍、进、禅定、智慧、蕴界处法，及诸解脱、诸识行相，建立差别，越外道见，超无色行。复次，大慧，法性佛非所攀缘，一切所缘一切所作相根量等相悉皆远离，非凡夫二乘及诸外道，执著我相所

取境界。是故，大慧，于自证圣智胜境界相当勤修学，于自心所现分别见相当速舍离。

“复次，大慧，声闻乘有二种差别相，所谓自证圣智殊胜相，分别执著自性相。云何自证圣智殊胜相？谓明见苦、空、无常、无我诸谛境界，离欲寂灭故，于蕴界处若自若共外不坏相，如实了知，故心住一境。住一境已，获禅解脱三昧道果，而得出离，住自证圣智境界乐。未离习气及不思议变易死，是名声闻乘自证圣智境界相。菩萨摩诃萨虽亦得此圣智境界，以怜愍众生故，本愿所持故，不证寂灭门及三昧乐，诸菩萨摩诃萨于此自证圣智乐中，不应修学。

“大慧，云何分别执著自性相？所谓知坚湿暖动青黄赤白，如是等法非作者生，然依教理见自共相，分别执著，是名声闻乘分别执著相。菩萨摩诃萨于此法中，应知应舍离人无我见，入法无我相，渐住诸地。”

译文：

其时，大慧菩萨为净众生自心现流而问佛言：“世尊，如何净除众生心习现流？是渐净？还是顿净？”

佛说：“大慧，渐净非顿净。如庵罗果，渐熟非顿，诸佛如来净除众生心习现流，也是这样，是渐净非顿净；如陶匠造器，渐成非顿，诸佛如来净除众生心习现流，也是这样，是渐非顿；譬如大地生草木，渐生非顿生，诸佛如来净除众生心习现流，也是

这样，是渐非顿。大慧，譬如人学音乐书画等种种技艺，渐成非顿成，诸佛如来净除众生心习现流，也是这样，是渐而非顿。另外，譬如明镜顿现众像而无分别，诸佛如来净除众生心习现流，也是这样，顿现一切无相境界而无分别；如日月一时遍照一切色像，诸佛如来净除众生心习现流，也是这样，顿为示现不可思议诸佛如来智慧境界；譬如藏识顿现一切众生及诸佛国土，报佛如来也是这样，顿能成熟一切众生，令其于色究竟天清净修行；譬如法身佛顿现报身佛及与化身佛，放大光明照诸世间，自证圣智境界也是这样，顿现法相而为照耀，令一切众生离于有无之恶见（以上所说净众生尽心习现流之四渐、四顿，乃是对不同根机而言，对钝根者渐净，对利根者顿净）。

“又，大慧，报身佛说一切自相、共相法，是自心本识习气因相，及妄计所执因相，更相系缚，种种幻事，众生虚妄执著，以为真实，实皆无自性，悉不可得。大慧，譬如幻术师以幻术用草木瓦石，幻化而成各种色像，令见者生种种分别，实际上皆不真实。大慧，自相、共相一切诸法也是这样，本无自性，依他缘而起，犹如幻事，而诸众生虚妄计度，执以为实，此即是妄计自性执著缘起自性而起，此即是报身佛所说法相。

“又，大慧，法性佛所说法者，离一切妄想心相，建立自证圣智所证境界。大慧，化佛广说六度：布施、持戒、忍辱、精进、禅定、智慧，及五蕴、十二处、十八界，及解脱、诸识行相，随宜建立诸法差别，超越外道恶见，超无色所行。又，大慧，法性佛远离一切攀缘妄念，远离一切所缘妄法，亦远离一切所作妄业，非凡夫二乘外道执著我相所取境界。所以，大慧，于自证圣智境界相当勤加修习，于自心所现的分别见相二分宜速远离。

“又，大慧，声闻乘有二种差别相，所谓自证圣智殊胜相和分别执著自性相。何谓声闻乘自证圣智殊胜相？谓达苦、空、无常、无我境界，厌离五欲，栖心寂灭，于蕴界处一切诸法，若自相若共相，不坏其相，未达法无我，然达人无我。如是了知，心住于一境。住一境已，遂获诸禅解脱三昧道果，而得出离，住自证圣智境界乐。但断现行烦恼，未断习气烦恼；但离分段生死，未断变易生死，此名声闻乘自证圣智境界相。大菩萨虽也得此圣智境界相，但以大悲本愿故，不入于涅槃，不取此三昧乐，大菩萨对此自证圣智乐不应修学。

“大慧，何谓分别执著自性相？谓知四大所造色等诸法，非如外道所言是神我等生，然取著于如来止啼授药等权便说，于自、共相妄想执著，此名声闻乘分别执著自性相。大菩萨于此法中应知、应舍，更入于人无我、法无我境界，由之渐进诸地。”

尔时，大慧菩萨摩诃萨白佛言：“世尊，如来所说常不思议自证圣智第一义境，将无同诸外道所说常不思议作者耶？”

佛言：“大慧，非诸外道作者得常不思议，所以者何？诸外道常不思议因自相不成，既因自相不成，以何显示常不思议。大慧，外道所说常不思议若因自相成彼则有常，但以作者为因相故，常不思议不成。大慧，我第一义常不思议，第一义因相成，远离有无，自证圣智所行相故有相，第一义智为其因故有因，离有无故非

作者，如虚空涅槃寂灭法故常不思议。是故，我说常不思议，不同外道所有诤论。大慧，此常不思议，是诸如来自证圣智所行真理，是故菩萨当勤修学。

“复次，大慧，外道常不思议，以无常异相因故常，非自相因力故常。大慧，外道常不思议，以见所作法有已还无，无常已比知是常，我亦见所作法有已还无，无常已不因此说为常。大慧，外道以如是因相成常不思议，此因相非有，同于兔角故，常不思议唯是分别但有言说，何故彼因同于兔角，无自因相故。大慧，我常不思议以自证为因相，不以外法有已还无无常为因，外道反此，曾不能知常不思议自因之相，而恒在于自证圣智所行相外，此不应说。

“复次，大慧，诸声闻畏生死妄想苦而求涅槃[①]，不知生死涅槃差别之相，一切皆是妄分别有，无所有故，妄计未来诸根境灭以为涅槃，不知证自智境界转所依藏识为大涅槃。彼愚痴人说有三乘[②]，不说唯心无有境界。大慧，彼人不知去、来、现在诸佛所说自心境界，取心外境，常于生死轮转不绝。

“复次，大慧，去、来、现在诸如来说一切法不生，何以故？自心所见非有性故，离有无生故，如兔马等角，凡愚妄取，唯自证圣智所行之处，非诸愚夫二分别境。大慧，身及资生器世间等，一切皆是藏识影像，所取能取二种相现，彼诸愚夫，堕生住灭二见中故[③]，于中妄起有、无分别。大慧，汝于此义当勤修学。

注释：

①声闻：指听闻佛之言教，修习“四谛”法等而得觉悟，其修行的最高境界是得阿罗汉果。

②三乘：指引导众生到彼岸、得解脱的三种方法或途径。三乘在佛教中有种种之分，如大乘之三乘、小乘之三乘、大小合论之三乘以及与一乘相对之三乘，通常以声闻乘、缘觉乘、菩萨乘（或佛乘）说三乘。

③生住灭：亦即藏识之生住异灭四相。藏识之体无生灭，由于无明动念，而有生住异灭四相。四相前细后粗，最细者为生相，最粗者为灭相，中间是住相、异相。

译文：

其时，大慧菩萨对佛说：“世尊，如来所说常不思议自证圣智第一义境，不同于外道所说常不思议作者吗？”

佛说：“大慧，此自证圣智第一义境，不同于外道所说的作者得常不思议，为什么呢？外道以作者为常不思议因自相，此因自相不相应，以何显于常不思议境？若因自相相应，则是常，非常不思议境。大慧，我所说的第一义常不思议因自相成，由能所因相俱离有无，自证圣智所行相故有相而非别境，以第一义智其因故有因而非生灭。离有离无故非作者，譬如虚空、涅槃寂灭法，故常不思议。所以，我说如来自证圣智常不思议，不同于外道所说的常不思议。大慧，此常不思议是如来自证圣智所

行真理，所以大菩萨应当勤加修学。

“此外，大慧，外道所说的常不思议，以无常变异为因，非是以自觉所行相为因，故是无常不思议，非是常不思议。大慧，外道所谓常不思议，以世间所作法生而还灭、有而还无，此属无常非是常。我也见世间所作法生而还灭、有而还无，说之为无常，不说之为常。大慧，外道以此等无常因相说常不思议，此因相本身即不真实，如同兔角，故其所说常不思议唯是妄想言说，为什么呢？其因相非是常因，如同兔角故。大慧，我所说的常不思议以自证圣智为因，不以外法之无常变易为因，外道则与此相反。实际上，如果不懂得自因之相离有无、超情识，而妄计在于自证圣智所行相外，如此之常不思议不应说。

“又，大慧，诸声闻畏怖生死轮回之苦而趣求涅槃，不知生死涅槃差别之相，实是虚妄分别的结果，妄以灰身灭智、诸根境灭为涅槃，不知证自智境、转染成净为大涅槃，彼愚痴人以生死异涅槃，为此愚夫说断生死入涅槃，故说三乘种性，彼愚痴人以为此三乘说为究竟义，不说一切唯心，心外无境。大慧，此诸声闻不知过去、未来、现在三世诸佛所说自心境界，取心外之境，常于六道轮回不绝。

“又，大慧，过去、未来、现在三世诸佛说一切法不生，因为一切诸法皆是自心虚妄分别所见，均无自性，离有生、无生二种见故，譬如兔、马之角，本无生灭、有无，愚痴凡夫妄取生灭、有无之见。唯有如来自智所证境界，一切法自体性不生，非愚夫有无分别境界。大慧，众生及其所依住之器世间，一切皆是藏识影像，能所二取之所变现，均无自性，彼诸愚夫为生住异灭

种种现象所迷惑，于中妄起有无分别之见。因此，大慧，你等大菩萨应于一切法不生义中勤加修学。

"复次，大慧，有五种种性，何等为五？谓声闻乘种性，缘觉乘种性[①]，如来乘种性，不定种性，无种性。大慧，云何知是声闻乘种性？谓若闻说于蕴界处自相、共相，若知若证举身毛竖，心乐修习，于缘起相不乐观察，应知此是声闻乘种性。彼于自乘见所证已，于五、六地断烦恼结，不断烦恼习，住不思议死，正师子吼言：我生已尽，梵行已立，所作已办，不受后有，修习人无我，乃至生于得涅槃觉。

"大慧，复有众生求证涅槃，言能觉知我、人、众生、养者、取者，此是涅槃，复有说言见一切法因作者有，此是涅槃。大慧，彼无解脱，以未能见法无我故，此是声闻乘及外道种性，于未出中，生出离想，应勤修习，舍此恶见。

"大慧，云何知是缘觉乘种性？谓若闻说缘觉乘法，举身毛竖，悲泣流泪，离愦闹缘，无所染着，有时闻说现种种身，或聚或散神通变化，其心信受无所违逆，当知此是缘觉乘种性，应为其说缘觉乘法。

"大慧，如来乘种性所证法有三种，所谓自性无自性法，内身自证圣智法，外诸佛刹广大法。大慧，若有闻说此一一法及自心所现、身财建立阿赖耶识不思议

境，不惊、不怖、不畏，当知此是如来乘性。大慧，不定种性者，谓闻说彼三种法时，随生信解，而顺修学。大慧，为初治地人而说种性，欲令其入无影像地作此建立。大慧，彼住三昧乐声闻，若能证知自所依识，见法无我净烦恼习，毕竟当得如来之身。”

尔时，世尊即说颂言：

预流一来果[②]，不还阿罗汉[③]；
是等诸圣人，其心悉迷惑。
我所立三乘，一乘及非乘；
为愚夫少智，乐寂诸圣说。
第一义法门，远离于二取；
住于无境界，何建立三乘？
诸禅及无量，无色三摩提；
乃至灭受想，唯心不可得。

“复次，大慧，此中一阐提何故于解脱中不生欲乐？大慧，以舍一切善根故。为无始众生起愿故。云何舍一切善根？谓谤菩萨藏，言此非随顺契经调伏解脱之说，作是语时，善根悉断不入涅槃。云何为无始众生起愿？谓诸菩萨以本愿方便，愿一切众生悉入涅槃，若一众生未涅槃者，我终不入。此亦住一阐提趣。此是无涅槃种性相。”

大慧菩萨言：“世尊，此中何者毕竟不入涅槃？”

佛言：“大慧，彼菩萨一阐提，知一切法本来涅槃，

毕竟不入，非舍善根。何以故？舍善根一阐提，以佛威力故，或时善根生，所以者何？佛于一切众生无舍时故，是故菩萨一阐提不入涅槃。

注释：

①缘觉：或称“独觉”，即于无佛之世，观缘起法，独自觉悟。

②预流：声闻乘四果之一，或作“须陀洹果”。意为初入圣流，是四果中最低的一个果位。一来果：声闻乘四果之一，或作“斯陀含果”。得此果者虽已断欲界九品修惑之前六品，但尚余后三品之修惑，故尚须一往一来于天上人间受生，故名“一来果”。

③不还：声闻乘四果之一，或作“阿那含果”。得此果者已断尽“一来果”位，尚余之后三品修惑，不再来欲界受生，其后受生必在色界、无色界。阿罗汉：声闻乘四果之一，也作“不生”、“杀贼”等。此果已断尽一切见、修二惑，不再来三界受生，是声闻乘之最高果位。

译文：

“此外，大慧，有五种种性。哪五种种性呢？即声闻乘种性、缘觉乘种性、如来乘种性、不定种性、无种性。大慧，如何知是声闻乘种性？谓如闻说于五蕴、十二处、十八界一切诸法自相共相，听闻苦、集、灭、道四圣谛时，悲喜交集，喜乐修学，而对于缘起之相不乐观悟，应知此是声闻乘种性。达此声闻乘境界者，相当于菩萨第五、第六地，断现行烦恼而未断习气及

所知障，未度不思议变易死。此等众生常自以为：我生已尽，道行已立，所作已办，日后不再轮回受报，达于人无我境界，乃至趣入涅槃境界。

“大慧，还有一类众生求证涅槃，妄计觉知我、人、众生、寿者等各各差别，谓此是涅槃；另有一类众生，说言一切诸法，因神我而有，谓此即是涅槃。大慧，此等众生不得解脱，因为都未能通达法无我。这是声闻乘及外道种性，于未出离苦海而自以为已超脱生死，你等应勤修习，舍此种种恶见，以期趣入如来种性。

“大慧，如何知是缘觉乘种性？谓若听闻缘起诸法，无量欢欣，喜乐修学，远离愦闹嘈杂的种种因缘，无所染着，或时闻说现种种身，或一身分为多身，或多身合为一身，神通变化，无碍自在。一心信受此缘起法，决不违背，当知此即是缘觉乘种性，应为其说缘觉乘法。

“大慧，如来乘种性所证法有三种，一是自性无自性法，二是内身自证圣智法，三是外诸佛刹广大法。所谓自性无自性法者，即三自性三无性秘密法；内身自证圣智法者，即佛所自证之一乘了义不思议真实法；外诸佛刹广大法者，即以大悲愿摄化众生、庄严净土，究竟到于一切智地法。大慧，若有闻说此法，及见自心所现之正依二报，建立阿赖耶识不思议境者，不惊、不怖、不畏，当知此即是如来乘种性。大慧，不定种性者，谓若闻说三乘法时，随生信人，顺学而成，其性可移而不固定，故称不定种性。大慧，为不定种性者而说是种性，令其知权趣实，证入第八无所有地，故说此种性。大慧，彼声闻乘种性，若能证知识性，见法无我，断烦恼结，最终当入佛地，得如来身。”

其时，世尊即说颂言：

预入圣流之须陀洹，一来天人受报之斯陀洹，
不再受生欲界之阿那舍，永无生死果报之阿罗汉，
如是声闻乘四圣人，其心皆悉迷惑。
我所立三乘一乘及非乘，
为愚夫愚妇随机方便说。
第一义法门，远离于有无，
安住于无所有境界，何有三乘之名？
如来所说诸禅三昧、灭尽定诸法，
为愚妄凡夫作如是说，离心不可得。

“此外，大慧，此中一阐提，何故没有追求解脱、入涅槃之欲望？大慧，因他已经断绝了一切善根的缘故，因他已发愿为济度一切众生出离生死苦海，众生不度尽，永不入涅槃的缘故（此指大悲阐提）。何谓断绝一切善根？即其诽谤大乘法藏，不随顺佛经诸解脱之说，善根断尽，不入于涅槃。何谓为无始众生发愿不入涅槃？谓诸菩萨曾发愿，欲济度一切众生入于涅槃，若有一众生未入涅槃，我即不入。就其不入涅槃说，此大悲菩萨也名为一阐提。此二种阐提即属于无种性者。”

大慧菩萨说：“世尊，此中何者是毕竟不入于涅槃者？”

佛说：“大慧，彼菩萨一阐提，了知一切法本来寂灭，与涅槃无异，是毕竟不入于涅槃者，并不是那种断尽善根一阐提者。为什么这样说呢？因为断善根阐提，以佛之威力，其后善根还生，为什么呢？佛对于一切众生都不会抛弃，所以，毕竟不入于

涅槃者，只有菩萨一阐提。

“复次，大慧，菩萨摩诃萨当善知三自性相。何者为三？所谓妄计自性、缘起自性，圆成自性。大慧，妄计自性从相生。云何从相生？谓彼依缘起事相种类显现，生计著故。大慧，彼计著事相，有二种妄计性生，是诸如来之所演说，谓名相计著相，事相计著相。大慧，事计著相者，谓计著内外法，相计著相者，谓即彼内外法中，计著自、共相，是名二种妄计自性相。大慧，从所依所缘起，是缘起性。何者圆成自性？谓离名相事相一切分别，自证圣智所行真如。大慧，此是圆成自性如来藏心。”

尔时，世尊即说颂言：

名相分别，二自性相；
正智真如，是圆成性。

“大慧，是名观察五法自性相法门，自证圣智所行境界，汝及诸菩萨摩诃萨当勤修学。

“复次，大慧，菩萨摩诃萨当善观察二无我相。何者为二？所谓人无我相、法无我相。大慧，何者是人无我相？谓蕴界处离我、我所，无知爱业之所生起，眼等识生取于色等而生计著；又自心所见身器世间，皆是藏心之所显现，刹那相续，变坏不停，如河流，如种子，如灯焰，如迅风，如浮云。躁动不安，如猿猴；乐不净

处，如飞蝇；不知厌足，如猛火。无始虚伪习气为因，诸有趣中流转不息，如汲水轮，种种色身威仪进止，譬如死尸咒力故行，亦如木人因机运动，若能于此善知其相，是名人无我智。

“大慧，云何为法无我智？谓知蕴界处是妄计性，如蕴界处离我、我所，唯共积聚爱业绳缚，互为缘起，无能作者。蕴等亦尔，离自、共相，虚妄分别种种相现，愚夫分别非诸圣者，如是观察一切诸法离心、意、意识、五法自性，是名菩萨摩诃萨法无我智。得此智已，知无境界，了诸地相，即入初地，心生欢喜次第渐进，乃至善慧及以法云。诸有所作皆悉已办，住是地已，有大宝莲花王众宝庄严，于其花上有宝宫殿，状如莲花，菩萨往修幻性法门之所成就，而坐其上，同行佛子前后围绕，一切佛刹所有如来，皆舒其手，如转轮王子灌顶之法，而灌其顶，超佛子地，获自证法，成就如来自在法身。大慧，是名见法无我相，汝及诸菩萨摩诃萨应勤修学。”

译文：

“此外，大菩萨应当善知三自性相。何谓三自性相？即妄计自性、缘起自性和圆成自性。大慧，妄计自性从诸法之形相生。如何从诸法之形相生？谓其从因缘而起的现象中，起种种执著。此种执著于缘起事相之妄计性，更可分为二种，这就是诸佛所说的名相执著和事相执著。大慧，所谓事相执著者，即

于内外法中起执著于自相、共相；所谓名相执著者，即于内外法中起诸如男女、衣瓶等等名相。此即是二种妄计自性相。大慧，诸法从因缘而生，此即名缘起自性。何谓圆成实性？谓离名相事相一切分别，自证圣智所行之真如境界，此即如来藏自性清净心。”

其时，世尊即说颂道：

名相分别，是妄计缘起二性相；
正智如如，即是圆成实性。

“大慧，以上所说即是五法、三自性法门，自证圣智所行境界，你等大菩萨应勤加修学。

“此外，大慧，大菩萨应当善于观察、了知二无我相。何谓二无我相？所谓人无我、法无我。大慧，何谓人无我？谓五蕴、十二处、十八界一切诸法，都无其主宰、实在之性。一切无知爱业之所生起，眼等诸识取著于色而虚妄执著，乃至一切可见之国土世间，都是如来藏自性清净心之所显现，刹那相续，念念不住，如河流、如种子、如灯焰、如猛风、如浮云。躁动不安，如猿猴；乐不净之处，如飞蝇；不知满足，转薪更炽，如猛火。为无始虚伪习业所熏，于三途六趣中轮转不息，如汲水轮，循环不停；种种色身如木人，因机关而动，如死尸，借咒术而起行。如能善知蕴界入诸法悉无有我，如木人死尸，是名无人我智。

“大慧，如何是法无我智？谓知蕴界处诸法是妄计性，如蕴界处空无我、我所，唯共积集烦恼业故，如以业爱之绳自缚，由因缘展转相生，实在是无我无作者，一切诸法也是这样，离自相共相，由虚妄分别，种种相现，愚夫妄加分别，非诸圣者之

智见。这样观察一切诸法，远离一切心意识名相妄想，是名大菩萨法无我智。得此智慧，知人我皆妄，即入初地，由之次第渐进乃至十地。住此地后，有大宝宫殿莲花王座，于其花上有宝宫殿，其状如莲花，菩萨成就如幻三昧，坐其上而受佛位，同行菩萨前后围绕，一切诸佛从十方来，舒展手臂，以手摩顶授予佛位，如转轮王授太子王位，超菩萨地，获如来身。大慧，此是名见法无我相，你及诸大菩萨应当勤加修学。”

尔时，大慧菩萨摩诃萨复白佛言：“世尊，愿说建立诽谤相，令我及诸菩萨摩诃萨离此恶见，疾得阿耨多罗三藐三菩提，得菩提已，破建立常诽谤断见，令于正法不生毁谤。”

佛受其请，即说颂言：

身资财所住，皆唯心影像，
凡愚不能了，起建立诽谤，
所起但是心，离心不可得。

尔时，世尊欲重明此义，告大慧言：“有四种无有有建立，何者为四？所谓无有相建立相，无有见建立见，无有因建立因，无有性建立性，是为四。大慧，诽谤者，谓于诸恶见所建立法。求不可得，不善观察，遂生诽谤，此是建立诽谤相。

“大慧，云何无有相建立相？谓于蕴界处自相、共相本无所有，而生计著，此如是，此不异，而此分别从

无始种种恶习所生，是名无有相建立相；云何无有见建立见？谓于蕴界处建立我、人、众生等见，是名无有见建立见；云何无有因建立因？谓初识前无因不生，其初识本无，后眼色明念等为因，如幻生，生已有，有还灭，是名无有因建立因；云何无有性建立性？谓于虚空、涅槃、非数灭无作性执著建立。大慧，此离性非性一切诸法，离于有无，犹如毛轮、兔、马等角，是名无有性建立性。

“大慧，建立诽谤皆是凡愚不了唯心而生分别，非诸圣者，是故汝等当勤观察，远离此见。大慧，菩萨摩诃萨善知心、意、意识、五法、自性、二无我相已，为众生故作种种身，如依缘起，起妄计性，亦如摩尼随心现色，普入佛会听闻佛说，诸法如幻、如梦、如影、如镜中花、如水中月，远离生灭及以断常，不住声闻辟支佛道，闻已成就无量百千亿那由他三昧，得此三昧已，遍游一切诸佛国土，供养诸佛，生诸天上，显扬三宝，示现佛身，为诸声闻菩萨大众说外境界皆唯是心，悉令远离有、无等执。”

……

译文：

其时，大慧菩萨又对佛说：“世尊，请为我等说建立诽谤相，使我及诸大菩萨离此恶见，速得无上正等正觉，得正觉后，于正法不生诽谤。”

佛接受大慧劝请，即说偈颂道：

众生及器世间依正诸法，都是自心之影像，

愚痴凡夫不识此理，起无中说有、有中说无之建立诽谤相，

此诸所起实在只是心之作用，离开自心一切了不可得。

其时，世尊为了重明此义，便对大慧说：“有四种于无中说有之‘建立’。哪四种呢？一是无有相建立相，二是无有见建立见，三是无有因建立因，四是无有性建立性。大慧，所谓诽谤相者，亦即于诸恶见所建立之法，不善于观察，不见诸法之实相，即言一切诸法皆无，此即是诽谤相。

“大慧，何谓无有相建立相？亦即蕴界处诸法之自相、共相，本无所有，却于此而生计著诸法之自相与共相，如此邪妄分别，乃由无始以来各种恶习所熏而成，此即是无有相建立相；如何是无有见建立见？亦即于蕴界处诸法建立我、人、众生、寿者等见，此即是无有见建立见；如何是无有因建立因？亦即初识本来非从因而生，后因眼色等而生如幻，生而有，有而还灭，念念不住，是名无有因建立因；如何是无有性建立性？亦即涅槃、虚空、非择灭三无为法，本来无有作法，而于此生计著，其实，此法离性、非性，离于有无。大慧，一切诸法犹如毛轮兔角，此是名无有性建立性。

“大慧，于无说有之‘建立’和于有说无之‘诽谤’，二者都是凡愚不了一切唯心所现而妄生分别，此非是圣者之见。因

此，你应当勤加观察，远离此二种恶见。大慧，大菩萨善知八识、五法、三自性、二无我，为利益众生，故现种种身，如依缘起性而起种种法，也如摩尼宝珠不作于心而随色变现，出现于各种佛会，听闻佛法，了知一切法如幻、如梦、如影、如镜中像、如水中月，远离生灭、断常等恶见，不住于声闻、缘觉二乘境界，成就无量百千亿三昧，既得三昧，遍游一切诸佛国土，供养诸佛，生诸天上，弘扬三宝，证正等觉，成如来身，为诸声闻菩萨大众说外道境界皆唯是自心所现，令悉远离有、无等执著。”

……

尔时，大慧菩萨摩诃萨复请佛言：“愿为我说一切法空、无生、无二、无自性相，我及诸菩萨悟此相故，离有、无分别，疾得阿耨多罗三藐三菩提。”

佛言：“谛听，当为汝说。大慧，空者即是妄计性句义。大慧，为执著妄计自性故，说空、无生、无二、无自性。大慧，略说空性有七种。谓相空、自性空、无行空、行空、一切法不可说空、第一义圣智大空、彼彼空。

“云何相空？谓一切法自相、共相空，展转积聚互相待故。分析推求无所有故，自他及共皆不生故。自、共相无生亦无住，是故名一切法自相空。

“云何自性空？谓一切法自性不生，是名自性空。

“云何无行空？所谓诸蕴本来涅槃，无有诸行，是名无行空。

“云何行空？所谓诸蕴由业及因和合而起，离我、我所，是名行空。

“云何一切法不可说空？谓一切法妄计自性无可言说，是名不可说空。

“云何第一义圣智大空？谓得自证圣智时，一切诸见过习悉离，是名第一义圣智大空。

“云何彼彼空？谓于此无彼，是名彼彼空，譬如鹿子母堂[①]，无象马牛羊等。我说彼堂空非无比丘众。大慧，非谓堂无堂自性，非谓比丘无比丘自性，非谓余处无象马牛羊。大慧，一切诸法自、共相，彼彼求不可得，是故说名彼彼空。是名七种空。大慧，此彼彼空，空中最粗，汝应远离。

“复次，大慧，无生者，自体不生而非不生，除住三昧，是名无生。大慧，无自性者以无生故密意而说。大慧，一切法无自性，以刹那不住故，见后变异故，是名无自性。云何无二相？大慧，如光影、如长短、如黑白，皆相待立，独则不成。大慧，非于生死外有涅槃，非于涅槃外有生死，生死涅槃无相违相，如生死涅槃，一切法亦如是，是名无二相。大慧，空、无生、无二、无自性相，汝当勤修学。”

尔时，世尊重说颂言：

我常说空法，远离于断常；
生死如幻梦，而业亦不坏。

虚空及涅槃，灭度亦如是；
愚夫妄分别，诸圣离有无。

尔时，世尊复告大慧菩萨摩诃萨言："大慧，此空、无生、无自性、无二相，悉入一切诸佛所说修多罗中，佛所说经皆有是义。大慧，诸修多罗随顺一切众生心说，而非真实在于言中，譬如阳焰诳惑诸兽，令生水想，而实无水，众经所说亦复如是，随诸愚夫自所分别，令生欢喜，非皆显示圣智证处真实之法。大慧，应随顺义，莫著言说。"

尔时，大慧菩萨摩诃萨白佛言："世尊，修多罗中说如来藏本性清净，常恒不断，无有变易，具三十二相，在于一切众生身中，为蕴界处垢衣所缠，贪恚痴等妄分别垢之所污染，如无价宝在垢衣中，外道说我是常作者，离于求那自在无灭。世尊所说如来藏义，岂不同于外道说我耶？"

佛言："大慧，我说如来藏不同外道所说之我。大慧，如来应正等觉，以性空、实际、涅槃、不生、无相、无愿等诸句义，说如来藏，为令愚夫离无我怖，说无分别、无影像处如来藏门，未来、现在诸菩萨摩诃萨，不应于此执著于我。大慧，譬如陶师于泥聚中，以人功、水杖、轮绳方便作种种器，如来亦尔，于远离一切分别相无我法中，以种种智慧方便善巧，或说如来藏，或说为无我，种种名字各各差别。大慧，我说如来藏，为摄著我诸外道众，令离妄见入三解脱，速得证于阿耨多罗三藐三菩提，是故诸佛说如来藏，不同外道所说之我，若欲离于外道见者，应知无我如来藏义。”

尔时，世尊即说颂曰：

士夫相续蕴，众缘及微尘：
胜自在作者，此但心分别。

注释：

①鹿子：人名，其母即毗舍佉优婆夷，信仰三宝，造立精舍供比丘安住，于中不养象马牛羊等。

译文：

其时，大慧菩萨又对佛说：“世尊，请为我等说一切法空、无生、无二、无自性相，我及诸菩萨悟得此相，离有、无分别，速得无上正等正觉。”

佛说：“你等好好听着，我当为你等演说。大慧，空者，即是妄计性法体（虚妄分别诸法，实无自性、自体），为执著于妄计性者说空、无生、无二、无自性。大慧，空性略说有七种。即相空、自性空、无行空、行空、一切法不可说空、第一义圣智大空、彼彼空。

“何谓相空？谓一切法因缘和合，展转而生，求其自相、共相均不可得，分析推求，无自体故，此即名一切自相空。

“何谓自性空？谓一切法均无自性，名自性空。

“何谓无行空？谓一切法本性常寂灭，无有诸行，是名无

行空。

“何谓行空？谓五蕴诸法，从众缘而起，离我、我所，是名行空。

“何谓一切法不可说空？谓一切法从妄想所起，无自性、离言说，是名不可说空。

“何谓第一义圣智大空？谓诸佛得自觉圣智第一义时，一切妄想恶见习气悉皆远离，是名第一义圣智大空。

“何谓彼彼空？谓于此无彼，于彼无此，故名彼彼空。譬如鹿子母堂，无有象马牛羊等，我说其堂空，不是说其堂无比丘众。大慧，非指堂无堂自性，非谓比丘无比丘自性，非谓其他处无象马牛羊。大慧，一切法自相、共相，于此于彼求不可得，是故说名彼彼空。以上所说即是七种空。此七种空中，彼彼空最粗，你等应当远离。

“此外，大慧，所谓无生者，自体不生，非无因缘等生，住八地如幻三昧以上，称此为无生。大慧，无自性者，以自体不生故说无自性。大慧，一切法无自性，念念不住，因缘而起，故名无自性。何谓无二相？大慧，如光影、如长短、如黑白，皆相对待而得成立，无待而不能成立，无自体自性故。大慧，非于生死之外而有涅槃，一切法也是这样，此即是无二相。大慧，空、无生、无二、无自性相，此法你等当勤修学。”

其时，世尊重说颂道：

> 我常说一切诸法自性本空，远离断灭与真常；
> 生与死如梦亦如幻，都是愚痴者造业之结果。
> 生死之与涅槃，本来无二亦无别；

愚夫愚妇虚妄分别，一切诸佛离于有无。

其时，世尊又对大慧菩萨说："大慧，此空、无生、无自性、无二相，悉入一切诸佛所说经典之中，佛经中都有此义。大慧，佛经随顺一切众生心而说，但其真实义不在于文字言句之中。譬如春时阳焰，诱惑诸兽生水想，而实无水。众经所说也是这样，随诸众生之根机智慧，而有种种说法，为令各类众生皆得欢喜，方便趣入，并非佛经中所说的每句话，都是显示佛教真实义。大慧，你应当依义莫依于语言文字。"

其时，大慧菩萨对佛说："世尊，有些经中说言，如来藏本性清净，一切众生贪嗔痴中均有如来身，常无染垢，德相具足，如无价宝在垢衣中；外道说有恒常不变的神我，能造作众生五蕴等，遍诸趣中无有生灭，现在世尊所说如来藏义，岂不与外道所说相同？"

佛说："大慧，如来藏不同于外道所说之神我。大慧，如来以性空、实际、涅槃、不生、无相、无愿等义说如来藏，为令愚夫离无我之怖畏，于无所有境界说如来藏门。未来、现在诸大菩萨不应于此执为有我。大慧，如陶匠于泥水中，以轮绳、水杖、人功作种种器，如来也是这样，于法无我中，以随机摄化，方便说法，或说如来藏，或说无我，种种名称各各不同。大慧，我说如来藏，为摄化执著于我之诸外道，使其离于妄见，入三解脱，速得无上正等正觉。所以诸佛所说之如来藏，不同于外道所说之神我，若欲离于外道见者，应知无我、如来藏义。"

其时，世尊重说颂道：

外道计由神我故诸蕴相续不断，又计与生法为缘；

或计一切悉是胜妙自在天所作，此都是心量妄想。

尔时，大慧菩萨观未来一切众生，复请佛言："愿为我说具修行法，如诸菩萨摩诃萨成大修行。"

佛言："大慧，菩萨摩诃萨具四种法成大修行。何者为四？谓观察自心所现故，远离生住灭见故，善知外法无性故，专求自证圣智故。若诸菩萨成此四法，则得名为大修行者。大慧，云何观察自心所现？谓观三界唯是自心，离我、我所，无动作，无来去，无始执著过习所熏，三界种种色行名言系缚，身资所住分别随入之所显现，菩萨摩诃萨如是观察自心所现。

"大慧，云何得离生住灭见？所谓观一切法如幻梦生，自他及俱皆不生故，随自心量之所现故，见外物无有故，见诸识不起故，及众缘无积故，分别因缘起三界故，如是观时，若内若外一切诸法皆不可得，知无体实远离生见，证如幻性即时逮得无生法忍，住第八地，了心意意识五法自性二无我境，转所依止，获意生身[①]。"

大慧言："世尊，以何因缘名意生身？"

佛言："大慧，意生身者，譬如意去速疾无碍，名意生身。大慧，譬如心意于无量百千由旬之外，忆先所见种种诸物，念念相续疾诣于彼，非是其身及山河石壁所能为碍，意生身者亦复如是，如幻三昧力通自在诸相庄严，忆本成就众生愿故，犹如意去生于一切诸圣众中，是名菩萨摩诃萨得远离于生住灭见。大慧，云何观察外法无性？谓观察一切法如阳焰、如梦境、如毛轮，无始戏论种种执著，虚妄恶习为其因故，如是观察一切法时，即是专求自证圣智。大慧，是名菩萨具四种法成大修行。汝应如是勤加修学。”

尔时，大慧菩萨摩诃萨复请佛言：“愿说一切法因缘相，令我及诸菩萨摩诃萨了达其义，离有无见不妄执诸法渐生顿生。”

佛言：“大慧，一切法因缘生有二种，谓内及外。外者谓以泥团、水杖、轮绳、人工等缘和合成瓶，如泥瓶、缕迭、草席、种芽、酪酥，悉亦如是，名外缘前后转生。内者谓无明爱业等生蕴界处法，是为内缘起，此但愚夫之所分别。

“大慧，因有六种，谓当有因、相属因、相因、能作因、显了因、观待因。大慧，当有因者，谓内外法作因生果；相属因者，谓内外法作缘生果，蕴种子等；相因者，作无间相生相续果；能作因者，谓作增上而生于果，如转轮王；显了因者，谓分别生能显境相，如灯照物；观待因者，谓灭时相续断无妄想生。

“大慧，此是愚夫自所分别，非渐次生，亦非顿生。何以故？大慧，若顿生者，则作与所作无有差别，求其因相不可得故；若渐生者求其体相亦不可得，如未生子，云何名父？诸计度人言以因缘、所缘缘、无间缘、

增上缘等[②]，所生能生互相系属，次第生者理不得成，皆是妄情执著相故。大慧，渐次与顿皆悉不生，但有心现身资等故，外自、共相皆无性故，惟除识起自分别见。大慧，是故应离因缘所作和合相中渐、顿生见。”

注释：

①意生身：指初地以上菩萨之受生，无碍自在，随意而生，名意生身。

②因缘、所缘缘、无间缘、增上缘：统称为“四缘”，指一切有为法借以生起的四类条件。因缘，指生起事物、造成业报之原因和条件，如六根为因，六尘为缘。无间缘，指诸法相续而生，次第无间。所缘缘，指诸法为心识之认识对象，为心之所缘虑。增上缘，指六根能照境发识，有增上之力用。

译文：

其时，大慧菩萨普观未来一切众生，又对佛说：“请佛为我等说诸大菩萨修行法。”

佛说：“大慧，大菩萨有四种修行方法。哪四种呢？一者善于观察自心所现诸法，二者远离生、住、异、灭等见，三者善知外法均无自性，四者专求自证圣智境界。若菩萨成就此四种法，则名为大修行者。大慧，如何观察自心所现？亦即观三界唯是自心，离我、我所，无动作，无去来，种种色行名言、根身器界，唯是无始过习所熏，明了一切法皆从自心起，皆从妄念起，大菩萨应如是观察自心所现。

“大慧，如何得离生、住、异、灭见？亦即观一切法如梦、如幻，自相、他相、共相悉皆不生；观诸法悉是自心量之所现，所见外物本无自性，诸识悉皆不生；观众因缘本无积聚，三界诸法因缘而有。如是观时，内外一切诸法皆无自性，悉不可得。知诸法无自体、自性，远离生见，证如幻性，得不生不灭智，住第八地，远离心、慧、意识、五法体相，得二无我境，获如意身。”

大慧问道：“世尊，如何名意生身？”

佛说：“大慧，意生身者，譬如意有迅疾、无碍、遍到三义一样，意生身者，即菩萨得如幻三昧，能现形十方以化众生。大慧，譬如心意于无量遥远之国土之外，忆念先前所见物事，念念相续，即可到达彼等物事，不是身体及山河石壁等所能障碍，意生身者也是这样。菩萨得如幻三昧，力通自在，诸相庄严，可随意现形十方，以化众生，如此是名菩萨得远离于生、住、灭见。大慧，如何观察外法无性？谓观察一切法，如阳焰、如梦境、如毛轮，为无始恶习之所熏，种种戏论之所执著，如是观察一切法时，即是专求自证圣智境界。大慧，菩萨具以上所说四种修行法，即成大修行者，你等应当勤加修学。”

其时，大慧菩萨又对佛说：“请为我等说一切法因缘相，令我及诸大菩萨了达其义，离有无见，不虚妄执著诸法渐生顿生。”

佛说：“大慧，一切法因缘生有二种：内因缘生和外因缘生。外因缘生者，如以泥团、水杖、轮绳、人工等缘和合而成瓶等，缕迭、草席、种芽、酪酥等也是这样，此等名外缘前后转生。内因缘生者，谓无明爱业等蕴界处诸法。此但是愚夫之虚妄分别。

“大慧，因有六种，谓当有因、相属因、相因、能作因、显了因和观待因。大慧，当有因者，谓内外法一并为因，而生果；相属因者，谓内外法一并为缘，而生果；相因者，谓互为果相，相续不断；能作因者，一切法均能作为成就自身之增上缘，如因转轮王，国人而得安乐；显了因者，谓能所因果互相发明，如灯照物；观待因者，长短高下互为因，因果关系亦然，因灭果起，相续不断，不见虚妄生法。

“大慧，此是愚夫虚妄分别，非渐次生，亦非顿生，为什么呢？大慧，若顿生者，则作与所作无有差别，求其因相不可得也；若渐生，求其体相亦不可得，如未生子时，如何名父？诸计度人所言以因缘、所缘缘、无间缘、增上缘等四缘所生法相互相系属，次第生者，皆不可得，皆是心量妄想执著相。大慧，渐次与顿全都不生，只是心现诸根身器界尔。一切外法自相、共相悉皆无性，只是虚妄识生，自心分别见尔。大慧，因此之故，应离因缘和合相中渐生、顿生之见。”

集一切法品第二之三

本品分九节继续论述修证如来藏的方方面面:

第一节阐释修证如来藏的加行位,即开示言说的分别相。

第二节讲述修证如来藏的修习位,即远离“一异、俱不俱、有无、非有无、常、无常”等四句。

第三节介绍四种禅定、涅槃真义及佛力加持。

第四节开始总结修证如来藏的相关义理,首先明了缘起性空,其次辨明常声如幻。

第五节进一步论述诸法如幻,无有特例;且阐明诸法无生故无性,外现为如幻,二者不矛盾。

第六节阐释名句文身只是作为义理的载体,不可执著;且有四种记论是为制服外道邪说而设,不是真理。

第七节介绍小乘声闻四种修果的差别。须陀洹有上中下三种境界,至此断贪欲;斯陀含果断妄想分别;阿那含果思惑、见惑皆断;阿罗汉烦恼障悉皆清净。而此四果仍是唯心所现,非为究竟。

第八节开示两种觉智、四大造色、五蕴体相与四种涅槃,最后明了只要分别意识灭尽,就是佛陀真涅槃。

第九节首先辨明妄想分别相,其次显露自证圣智境界,再契于根器而分别开示一乘与三乘法,最后譬喻二障譬如酒醉,一旦清醒,得入圣智一乘。

尔时，大慧菩萨摩诃萨复白佛言："世尊，愿为我说言说分别相心法门，我及诸菩萨摩诃萨善知此故，通达能说所说二义，疾得阿耨多罗三藐三菩提，令一切众生于二义中，而得清净。"

佛言："大慧，有四种言说分别相。所谓相言说，梦言说，计著过恶言说，无始妄想言说。大慧，相言说者，所谓执著自分别色相生；梦言说者，谓梦先所经境界，觉已忆念，依不实境生；计著过恶言说者，谓忆念怨仇先所作业；生无始妄想言说者，以无始戏论妄执习气生。是为四。"

大慧复言："世尊，愿更为说言语分别所行之相，何处何因云何而起？"

佛言："大慧，依头胸喉鼻唇腭齿舌和合而起。"

大慧复言："世尊，言语分别为异不异？"

佛言："大慧，非异非不异，何以故？分别为因起言语故，若异者分别不应为因；若不异者，语言不应显义，是故非异亦非不异。"

大慧复言："世尊，为言语是第一义[①]？为所说是第一义？"

佛告大慧："非言语是，亦非所说，何以故？第一义者，是圣乐处，因言而入，非即是言。第一义者是圣智内自证境，非言语分别智境。言语分别不能显示。大慧，言语者起灭动摇展转因缘生。若展转缘生，于第一义不能显示。第一义者，无自他相，言语有相不能显示；第一义者但唯自心，种种外想悉皆无有，言语分别不能显示。是故，大慧，应当远离言语分别。”

尔时，世尊重说颂言：

诸法无自性：亦复无言说；
不见空空义，愚夫故流转。
一切法无性，离言语分别；
诸有如梦化，非生死涅槃。
如王及长者，为令诸子喜；
先示相似物，后赐真实者。
我今亦复然，先说相似法；
后乃为其演，自证实际法。

注释：

①第一义：即最深奥、最究竟之义理。

译文：

其时，大慧菩萨又对佛说：“世尊，请为我等说言说分别相心法门，使我及诸大菩萨善知此言说分别相，通达能说所说二义，速得无上正等正觉，令一切众生于此二义中而得解脱。”

佛说：“大慧，有四种言说分别相：即相言说、梦言说、计著过恶言说、无始妄想言说。大慧，所谓相言说者，即是执著色等诸相而生；所谓梦言说者，即是依梦等不实境界而生；所谓

计著过恶言说者，即是忆念、计著以往之所闻所作业而生；所谓无始言说相者，即是为无始戏论、烦恼种子熏习而生。此即是四种言说分别相。”

大慧又对佛说：“世尊，请为我等说言语分别所行之相，何处何因因何而起？”

佛说：“大慧，言说从头胸喉鼻唇颚齿舌和合而生。”

大慧又问：“世尊，言语分别为异为不异？”

佛说：“大慧，既非异，亦非不异。为什么这么说呢？因为言语是从分别而起的，若言说与分别异，则不应因分别而起言说；若言说与分别不异，分别并不显义，那么言说也应不显义，但言说是能显义的。因此，言说与分别既异又不异。”

大慧又问佛：“那么，言语是第一义呢？还是所说是第一义？”

佛对大慧菩萨说：“语言与所说均非第一义，为什么呢？第一义是自证圣智三昧乐处，因言而入，但非即是言说本身；第一义是自证圣智境界，非是语言分别智境界，言语分别不能显示第一义，因为言语生灭不定，从众缘生，属无常，故言语不能显示第一义。第一义者，无自他之相，言语乃是有相，故不能显示；第一义者，但唯证入自性真心，心外无法，外种种法悉皆无性，言语妄说岂能显示？所以，大慧，应当远离言语分别。”

其时，世尊重说颂道：

诸法无自性，亦无有言说；
不见性空无自性义，愚夫流转于生死。
一切法无性，离言说分别；

万有如梦如幻，生死涅槃无一定之相。
譬如大王、长者，为使诸子高兴，
先给予相似之物，后再赐予真实之宝。
我今也一样，先说相似法，
然后为你等演说，自证圣智法门。

尔时，大慧菩萨摩诃萨复白佛言："世尊，愿为我说离一异、俱不俱、有无非有无、常无常等[①]。一切外道所不能行，自证圣智者所行境界，远离妄计自相共相，入于真实第一义境，渐净诸地入如来位，以无功用本愿力故，如如意宝普现一切无边境界，一切诸法皆是自心所见差别，令我及余诸菩萨等，于如是等法，离妄计自性自共相见，速证阿耨多罗三藐三菩提，普令众生具足圆满一切功德。"

佛言："大慧，善哉！善哉！汝哀愍世间请我此义，多所利益，多所安乐。大慧，凡夫无智不知心量，妄习为因，执著外物分别一异、俱不俱、有无非有无、常无常等一切自性。大慧，譬如群兽为渴所逼，于热时焰而生水想，迷惑驰趣不知非水。愚痴凡夫亦复如是，无始戏论分别所熏[②]，三毒烧心，乐色境界，见生住灭取内外法，堕一异等执著之中。

"大慧，如乾闼婆城非城非非城，无智之人，无始时来，执著城种妄习熏故，而作城想，外道亦尔，以无始

来妄习熏故，不能了达自心所现，著一异等种种言说。

“大慧，譬如有人梦见男女象马车步城邑园林种种严饰，觉已忆念彼不实事。大慧，汝意云何，如是之人是黠慧不？”

答言：“不也。”

“大慧，外道亦尔，恶见所噬不了唯心，执著一异有无等见。

“大慧，譬如画像无高无下，愚夫妄见作高下想，未来外道亦复如是，恶见熏习妄心增长，执一异等自坏坏他，于离有无，无生之论，亦说为无，此谤因果，拔善根本，应知此人分别有无起自他见，当堕地狱，欲求胜法，宜速远离。

“大慧，譬如翳目见有毛轮，互相谓言，此事希有，而此毛轮，非有非无，见不见故。外道亦尔，恶见分别执著一异俱不俱等，诽谤正法，自陷陷他。

“大慧，譬如火轮实非是轮，愚夫取著非诸智者，外道亦尔，恶见乐欲执著一异俱不俱等一切法生。

“大慧，譬如水泡似玻璃珠，愚夫执实奔驰而取，然彼水泡非珠非非珠，取不取故。外道亦尔，恶见分别习氯所熏，说非有为生坏于缘有。

“复次，大慧，立三种量已③，于圣智内证离二自性法，起有性分别。大慧，诸修行者，转心意识，离能所取，住如来地自证圣法，于有及无，不起于想。大慧，诸修行者，若于境界起有无执，则著我、人、众生、寿者。大慧，一切诸法自相、共相，是化佛说[④]，非法佛说。大慧，化佛说法但顺愚夫所起之见，不为显示自证圣智三昧乐境。

“大慧，譬如水中有树影现，彼非影非非影，非树形非非树形。外道亦尔，诸见所熏，不了自心，于一异等而生分别。

“大慧，譬如明镜无有分别，随顺众缘现诸色像，彼非像非非像而见像非像，愚夫分别而作像想。外道亦尔，于自心所现种种形像而执一异俱不俱相。

“大慧，譬如谷响依于风水人等音声和合而起，彼非有非无，以闻声非声故。外道亦尔，自心分别熏习力故，起于一异俱不俱见。

“大慧，譬如大地无草木处，日光照触焰水波动，彼非有非无，以倒想非想故，愚痴凡夫亦复如是，无始戏论恶习所熏，于圣智自证法性门中，见生住灭一异有无俱不俱性。

“大慧，譬如木人及以起尸，以毗舍阇机关力故，动摇运转，云为不绝，无智之人取以为实，愚痴凡夫亦复如是，随逐外道起诸恶见，著一异等虚妄言说。是故，大慧，当于圣智所证法中，离生住灭一异有无俱不俱等一切分别。

……

注释：

①一异：彼此皆同曰“一”；彼此皆异曰“异”，指偏于一端或把两端相互隔绝、对立。

②所熏：原指七转识熏习种子识，此指虚妄分别之戏论熏习心识，而见有外境外法。

③三种量：即“现量”、“比量”、“圣言量”。量，标准、尺度的意思，指判别真伪、是非的标准。现量，即感觉，是感觉器官对于具体事物的直接反映，尚未加入概念的思维分别活动，不能用语言表述。比量，即在现量的基础上，以一定的理由和事例为根据，由已知推论未知的论证形式。圣言量，是以自己所尊奉的圣典或圣人之言论为衡量是非的标准。

④化佛：即应身、报身、法身三身如来中的应身如来，亦称“化身佛”或“化佛”。

译文：

其时，大慧菩萨又对佛说：“世尊，请为我等说离一异、俱不俱、有无非有无、常无常等一切外道所不能行，世尊自证圣智所行之境界，远离妄计自相共相、入真实第一义境界。以无功用本愿力，了知诸渐进佛地，及一切诸法皆是自心虚妄分别所见等，令我及诸大菩萨于如是等法门，远离妄计自相共相见，速证无上正等正觉，普令一切众生具足圆满功德。”

佛说：“善哉！善哉！你哀怜世间众生，问我此义，多所安乐，多所饶益。大慧，凡夫无智，不知诸法是自心量妄习之所变现，执著、分别外法为一为异、为俱为不俱、为有为无、为常为无常等等。大慧，此譬如群兽为渴所逼，于阳焰而生水想，迷惑驰趣，不知此乃非水；愚痴凡夫也是这样，为无始戏论分别所熏，贪嗔痴三毒攻心，喜乐声色境界，见生、住、异、灭，取内外诸法，堕于一异等执著之中。

“大慧，如幻有实无之乾闼婆城非城非非城，无智凡夫无始时来，为城非城等种种妄习所熏，而作城想，外道也是这样，为无始妄习所熏，不能了达自心所现皆虚妄故，著一著异等种种言说。

“大慧，譬如有人梦见男女、象马、车步、城邑、园林等种种现象，醒后忆念梦中不实之事。大慧，你以为这样的人聪明吗？”

大慧答道：“不聪明。”

佛说：“大慧，外道也是这样，为恶见所熏，不了万法唯心，执著一异、有无等见。”

“大慧，譬如画像，本无高下，愚夫妄见，作高下想，外道也是这样，为恶见所熏，妄心增长，执一执异，自坏坏他，于离有无无生之论，也说为无，此坏因果之性，拔善根本，应知此种分别有无、起自他见之人，当堕地狱，若欲求取胜法，应速远离此各种分别执著。

“大慧，譬如眼有疾，见虚空中有毛轮，就对人说：你等看到了吗？此虚空中有青黄赤白等等色相。而彼毛轮本自无体，非有非无，既可见又不可见，外道也是这样，为恶见所熏，分别执著一异、俱不俱等，诽谤正法，自陷陷他。

“大慧，譬如火轮，实非是轮，愚夫取著，非圣智者。外道

也是这样，为恶见所熏，执著一异、俱不俱等，一切诸法，由是而生。

“大慧，譬如水泡，似玻璃珠，愚夫以为即是玻璃珠，争相求取，然其水泡，非珠非非珠，既可取又不可取，外道也是这样，为恶见分别习气所熏，分别执著，说非有法从因缘生，又说实有法灭。

“此外，大慧，立现量、比量、圣言量，并认为实有自证圣智离二自体，此亦属虚妄分别。大慧，诸修行者，应灭心、意、意识，离能取、所取，入如来地，于有及无不生妄想。大慧，诸修行者若于自证圣智境界作有无想，则也执著于我、人、寿者、众生诸相。大慧，一切诸法自相共相，是化身佛所说。非法身佛所说，大慧，化身佛说法随顺于愚夫等无智之见，不都直接显示自证圣智三昧乐境。

“大慧，譬如水中有树影现，其非影非非影，非树非非树，外道也是这样，为习见所熏，不了万法唯是自心所现，于一异等而生分别执著。

“大慧，譬如明镜，随缘得见一切色像，彼非像又非非像，有缘得见无缘则不见，愚夫妄加分别，作像想，外道也是这样，于自心所现种种有形像，而执一异、俱不俱相。

“大慧，譬如山谷中之声响，依赖于风、水、人等，众缘和合，声响则起，彼声非有非无，以所闻之声非声故，外道也是这样，为习气所熏，自心分别，而起一异、俱不俱等见。

“大慧，譬如大地无草木处，日光与尘土和合，见似有水波动，其波非有非无，因想而异故；愚痴凡夫也是这样，为无始

戏论恶习所熏，于圣智自证法中见生住异灭、一异、有无、俱不俱等。

“大慧，譬如木头人和死尸，借助于机关运转和咒术之力而得运行，愚痴之人以为真实，遂顺从外道，起诸恶见，执著于一异等虚妄言说。大慧，你等当于圣智所证法中，离生住异灭诸见，离有无、一异、俱不俱等一切分别。

……

“复次，大慧，有四种禅，何等为四？谓愚夫所行禅，观察义禅，攀缘真如禅，诸如来禅。大慧，云何愚夫所行禅？谓声闻、缘觉诸修行者，知人无我，见自他身骨锁相连皆是无常苦不净相，如是观察坚著不舍，渐次增胜至无想灭定[①]，是名愚夫所行禅。云何观察义禅？谓知自共相人无我已，亦离外道自他俱作，于法无我诸地相义，随顺观察，是名观察义禅。云何攀缘真如禅？谓若分别无我有二是虚妄念，若如实知，彼念不起，是名攀缘真如禅。云何诸如来禅？谓入佛地住自证圣智三种乐，为诸众生作不思议事，是名诸如来禅。”

……

尔时，大慧菩萨摩诃萨复白佛言：“世尊，诸佛如来所说涅槃，说何等法名为涅槃？”

佛告大慧：“一切识自性习气及藏识、意、意识见习转已，我及诸佛说名涅槃，即是诸法性空境界。复次，

大慧，涅槃者，自证圣智所行境界，远离断常及以有无。云何非常？谓离自相共相诸分别故。云何非断？谓去来现在一切圣者自证智所行故。复次，大慧，大般涅槃不坏不死，若死者应更受生，若坏者应是有为，是故涅槃不坏不死，诸修行者之所归趣。复次，大慧，无舍无得故，非断非常故，不一不异故，说名涅槃。复次，大慧，声闻、缘觉知自共相舍离愦闹，不生颠倒，不起分别，彼于其中生涅槃想。

“复次，大慧，有二种自性相。何者为二？谓执著言说自性相，执著诸法自性相。执著言说自性相者，以无始戏论执著言说习气故起；执著诸法自性相者，以不觉自心所现故起。复次，大慧，诸佛有二种加持，持诸菩萨，令顶礼佛足请问众义。云何为二？谓令入三昧及身现其前，手灌其顶。大慧，初地菩萨摩诃萨蒙诸佛持力，故入菩萨大乘光明定；入已十方诸佛普现其前，身语加持，如金刚藏及余成就如是功德相。菩萨摩诃萨者是。

“大慧，此菩萨摩诃萨蒙佛持力，入三昧已，于百千劫集诸善根，渐入诸地，善能通达治所治相，至法云地处，大莲花微妙宫殿坐于宝座，同类菩萨所共围绕，首戴宝冠，身如黄金，瞻葡花色，如盛满月，放大光明，十方诸佛舒莲花手，于其座上，而灌其顶，如转轮王太子受灌顶已，而得自在，此诸菩萨亦复如是，是名为二。诸菩萨摩诃萨为二种持之所持故，即能亲见一切诸佛，异则不能。

“复次，大慧，诸菩萨摩诃萨入于三昧，现通说法，如是一切皆由诸佛二种持力。大慧，若诸菩萨离佛加持，能说法者，则诸凡夫亦应能说。大慧，山林草树城郭宫殿及诸乐器，如来至处，以佛持力尚演法音，况有心者？聋盲瘖哑离苦解脱。大慧，如来持力有如是等广大作用。”

大慧菩萨复白佛言：“何故如来以其持力，令诸菩萨入于三昧及殊胜地中，手灌其顶？”

佛言：“大慧，为欲令其远离魔业诸烦恼故，为令不堕声闻地故，为令速入如来地故，令所得法倍增长故。是故诸佛以加持力持诸菩萨。大慧，若不如是，彼菩萨便堕外道及以声闻魔境之中，则不能得无上菩提。是故如来以加持力摄诸菩萨。”

尔时，世尊重说颂言：

世尊清净愿，有大加持力；
初地十地中，三昧及灌顶。

注释：

①无想灭定：诸外道以无想天为修行之最高境界，为达此境界所修之灭一切心想之禅定。此禅定之特点，是灭诸心法，而达于无想无念。

译文：

“此外，大慧，有四种禅。哪四种呢？有愚夫所行禅，观察义禅，攀缘真如禅，诸如来禅。大慧，什么是愚夫所行禅？谓声闻、缘觉诸修行者，知人无我，见自己他人之身皆是无常、苦、不净，如是观察执著不舍，由此渐增进至灭一切心法、无想无念之境界，此则名为愚夫所行禅。如何是观察义禅？谓知自共相、人无我，并知外道之法悉皆不实，于法无我诸地行相，随顺观察，是名观察义禅。如何是攀缘真如禅？知人无我、法无我，是对治二种我见，本身亦不真实，不起二无我妄念，是名攀缘真如禅。如何是诸如来禅？谓得如来地自证圣智真实法身，常住寂灭，令诸众生得禅定乐、菩提乐、涅槃乐及得如来智慧法身不思议事，是名诸如来禅。”

……

其时，大慧菩萨又对佛说：“世尊，诸佛如来所说涅槃，说何等法，名为涅槃？”

佛对大慧说：“诸识等见习转已，是名涅槃，亦即是诸法性空境界。又，大慧，涅槃者，自证圣智所行境界，远离断常及有无等见。什么是非常？即离自共相之妄想分别。什么是非断？谓三世如来所证得故，是以非断。又，大慧，涅槃不坏不死，是诸修行者之所归趣。若有死则有生，而涅槃不更受生相续，故涅槃不死；若坏者应是有为法，而涅槃是无为法，故不坏。又，大慧，涅槃无烦恼可舍，无菩提可得，非断亦非常，不一亦不异，此是名涅槃。又，大慧，声闻、缘觉知自共相，烦恼障灭，不生颠倒，不起未来生死分别，彼于其中生涅槃想。

“此外，大慧，有二种自性相。哪二种呢？一是执著言说自性相：二是执著诸法自性相。执著言说自性相者，以无始以来妄想言说习气不断故，计著有言说自性相；执著诸法自性相者，以不觉诸法是自心所起，虚妄执著。又，大慧，诸佛有二种加持加诸菩萨，令其顶礼佛足请问众义。哪二种呢？谓令其入三昧，身现其前，手灌其顶，为其授记。大慧，初地大菩萨蒙诸佛加持之力，入于菩萨大光明定。入定之后，十方诸佛普现其前，以身语诸业加持，如金刚藏，华严会中住初地时及余成就初地功德相，菩萨亦如是加持。

“大慧，此大菩萨蒙佛神力，入三昧后，于百千劫积集善根故，渐入诸地，能达治所治相。至法云地者，坐于大莲花微妙宫殿之宝座上，同类菩萨众所围绕，头戴宝冠，身如黄金，瞻葡花色，如盛满月，放大光明，十方诸佛伸展莲花手，于其座上，而为其灌顶，如转轮圣王太子受记，得大自在，此菩萨也是这样，是名为二种加持。菩萨为二种加持力故，能亲见一切诸佛，若不如是则不能。

“又，大慧，大菩萨入于三昧，善说法要，皆由佛加持力故。若诸菩萨离佛加持而能说法者，则凡夫亦能说法。大慧，蒙佛加持之力，一切山林、草树、城郭、宫殿及诸乐器等无情物也能演唱法音，况有情众生？凡受佛加持者，一切盲聋哑者，都能获得解脱。大慧，如来加持之力有如此广大的作用。”

大慧又对佛说：“何故如来以其加持力令诸菩萨入于初地及十地中？”

佛说：“大慧，为欲令其远离二种过故，须加持初地；为令

其不堕声闻地故，须加持十地；为诸菩萨速入如来地，为诸菩萨所得法加倍增长，故佛为诸菩萨加持。大慧，若不加持，彼菩萨堕外道及声闻地中，则不能得无上正等正觉，所以如来以加持力摄诸菩萨。”

其时，世尊重说颂：

如来世尊以其清净愿，为诸菩萨加持；
为令其远离二种过失加持初地，
为令其不堕于声闻加持十地。

尔时，大慧菩萨摩诃萨复白佛言：“世尊，佛说缘起是由作起非自体起，外道亦说，胜性自在时我微尘生于诸法，今佛世尊，但以异名说作缘起，非义有别。世尊，外道亦说，以作者故，于无生有，世尊亦说，以因缘故，一切诸法本无而生，生已归灭，如佛所说无明缘行，乃至老死，此说无因非说有因。世尊说言，此有故彼有，若一时建立，非次第相待者，其义不成，是故外道说胜，非如来也。何以故？外道说因不从缘生而有所生，世尊所说果待于因，因复待因，如是展转成无穷过，又，此有故彼有者，则无有因。”

佛言：“大慧，我了诸法唯心所现，无能取所取，说此有故彼有，非是无因及因缘过失。大慧，若不了诸法唯心所现，计有能取及以所取，执著外境若有若无，彼有是过，非我所说。”

大慧菩萨复白佛言:“世尊,有言说故,必有诸法,若无诸法,言依何起?”

佛言:“大慧,虽无诸法,亦有言说,岂不现见龟毛、兔角、石女儿等,世人于中皆起言说?大慧,彼非有非非有,而有言说耳。大慧,如汝所说,有言说故有诸法者,此论则坏。大慧,非一切佛土皆有言说,言说者,假安立耳。大慧,或有佛土瞪视显法,或现异相,或复扬眉,或动目睛,或示微笑、颦呻、謦欬、忆念、动摇[①],以如是等而显于法。大慧,如不瞬世界、妙香世界及普贤如来佛土之中,但瞪视不瞬,令诸菩萨获无生法忍及诸胜三昧。大慧,非由言说而有诸法,此世界中蝇蚁等虫,虽无言说成自事故。”

尔时,世尊重说颂言:

如虚空兔角,及与石女儿;
无而有言说,妄计法如是。
因缘和合中,愚夫妄谓生;
不能如实解,流转于三有。

尔时,大慧菩萨摩诃萨复白佛言:“世尊所说常声,依何处说?”

佛言:“大慧,依妄法说。以诸妄法圣人亦现,然不颠倒。大慧,譬如阳焰、火轮、垂发、乾闼婆城梦幻境像,世无智者生颠倒解,有智不然,然非不现。大慧,妄法现时无量差别,然非无常。何以故?离有无

故。云何离有无？一切愚夫种种解故，如恒河水，有见不见，饿鬼不见，不可言有；余所见故，不可言无。圣于妄法离颠倒见。

“大慧，妄法是常，相不异故，非诸妄法有差别相，以分别故而有别异，是故妄法其体是常。大慧，云何而得妄法真实？谓诸圣者，于妄法中不起颠倒，非颠倒觉，若于妄法有少分想，则非圣智。有少想者当知则是愚夫戏论，非圣言说。

“大慧，若分别妄法是倒非倒，彼则成就二种种性，谓圣种性、凡夫种性。大慧，圣种性者，彼复三种，谓声闻、缘觉、佛乘别故。大慧，云何愚夫分别妄法，生声闻乘种性？所谓计著自相共相。大慧，何谓复有愚夫分别妄法，成缘觉乘种性？谓即执著自共相时，离于愦闹。大慧，何谓智人分别妄法而得成就佛乘种性？所谓了达一切唯是自心分别所见，无有外法。大慧，有诸愚夫分别妄法种种事物，决定如是，决定不异，此则成就生死乘性。

“大慧，彼妄法中种种事物，非即是物，亦非非物。大慧，即彼妄法诸圣智者心，意、意识诸恶习气自性法转依故，即说此妄名为真如，是故真如离于心识，我今明了显示此句离分别者，悉离一切诸分别故。”

大慧菩萨白世尊言：“世尊所说妄法，为有为无？”

佛言：“如幻无执著相故，若执著相体是有者，应不可转则诸缘起，应如外道说作者生。

……

注释：

①謦欬（qǐng kài）：咳嗽。借指谈笑、谈吐。

译文：

其时，大慧菩萨又对佛说："世尊，如果世尊所说缘起，是由作起而非由心自体而起，外道亦说胜自在天而生诸法，今佛与外道所说只是名称有不同而已，非是义理有所别。世尊，外道说言以神我故，从无生有，世尊也说以因缘故，一切诸法本无而生，生后还灭，如佛所说无明缘行，乃至老死，此说无因，非说有因。世尊说言此有故彼有，若一时建立，非次相待而有，其义不能成立，所以，外道所说胜于世尊所说。为什么这么说呢？外道说因不从缘生，而有所生，世尊所说，果待于因，因又待于因，如是展转，成无穷过；又，此有故彼有，则是无因。"

佛说："大慧，我了达诸法非有无生，但唯心现，无能取所取，说此有故彼有非是无因及因缘过失。大慧，若不了达诸法唯心所现，执著能取所取，以外境为若有若无，此等过失，非我所说。"

大慧菩萨又对佛说："世尊，有言说，故必有诸法，若无诸法，言说依何而起？"

佛说："大慧，虽无诸法，也有言说，岂没听过龟毛、兔角、石女儿等，本无此等诸法，世人于中皆起言说？大慧，其非有亦

非非有，只有言说而已。大慧，如果像你所说的，有言说必有诸法，此论则坏。大慧，非一切佛土皆有言说，言说者，假立而已。大慧，或有佛土，在扬眉瞬目、微笑频呻中而显法，如不瞬世界、妙香世界及普贤如来佛土中，但瞪视不瞬令诸菩萨获无生法忍及诸三昧。大慧，非由言说才有诸法，此世界中蝇蚁等虫，虽无言说，而事相宛然。”

其时，世尊重说颂道：

譬如虚空兔角，及与石女儿等；
实无而有言说，妄计法也是如此。
因缘和合之中，愚夫妄以为生；
不能如实理解，故流转于三界。

其时，大慧菩萨又对佛说：“世尊在其他经中所说的诸如十二因缘、常乐我净等，依何处说？”

佛说：“大慧，依妄法说，因为诸圣即依此妄法现，但不于妄法起有无等见，譬如阳焰、火轮、垂发、乾闼婆城、梦、幻、镜像等，无智之人生颠倒见，以为实法，有智之人不这样看，但此种种幻影、梦境非不现起。大慧，妄法现起时，有种种差别，但非无常。何故非无常呢？因为妄法离于有无，因为愚痴凡夫于离有无处起种种见解，如恒河水，饿鬼不见，不可言其有，其他众生见之，不可言无，所以圣人于虚妄法，悉离颠倒有无之见。

“大慧，虚妄法是常，因无各种异相可得，并非虚妄法本身有种种差别，而是因为各种妄想而有差别。所以一切妄法其体是常。大慧，如何才能得妄法之真实性相？即如诸圣者那样，不于妄法起颠倒见，也不起真实见，若于妄法中生心动念，则非

圣者之智，于妄法生心动念者，则是凡夫戏论，非圣人见解。

“大慧，若于妄法起颠倒见与正见，则能生起二种种性，一是凡夫种性，二是圣种性。大慧，圣种性又有三种，即声闻、缘觉、佛乘。大慧，为何愚夫分别妄法能生声闻乘种性？亦即愚夫观察妄法，取自相共相，遂起声闻乘种性；那么何谓愚夫分别妄法而起缘觉乘种性？亦即执著诸法自相共相时，不乐愦闹，喜独自观察。大慧，何谓智者观察妄法而得成就佛乘种性？亦即智者在观察妄法时，能了达一切诸法唯是自心分别所见，此外更无别法。大慧，若有愚夫分别妄法，取种种性相，执著实我实法，此则起生死乘种性。

“大慧，彼妄法中种种事物，非即是物，亦非非物，离于有无，乃诸心识恶习转依之产物，亦即圣人转妄法为真如，所以真如离于心识。我今明确指出，如能了达此真如、妄法之若即若离之关系，即于一切都能明了通达。”

大慧菩萨又对佛说：“世尊所说妄法，为有为无？”

佛说：“此妄法如幻影，不可以有无计著，若执著有性相者，即是真实不可转，如此则诸缘起妄法，这与外道以有作者生一切法相类。”

……

“复次，大慧，见诸法非幻无有相似，故说一切法如幻。”

大慧言：“世尊，为依执著种种幻相，言一切法犹如幻耶？为异依此执著颠倒相耶？若依执著种种幻相言

一切法犹如幻者，世尊，一切法悉皆如幻，何以故？见种种色相不无因故。世尊，都无有因，令种种色相显现如幻，是故世尊，不可说言依于执著种种幻相言一切法与幻相似。”

佛言：“大慧，不依执著种种幻相言一切法如幻。大慧，以一切法不实，速灭如电，故说如幻。大慧，譬如电光见已即灭，世间凡愚悉皆现见一切诸法依自分别自共相现，亦复如是，以不能观察无所有故，而妄计著种种色相。”

尔时，世尊重说颂言：

非幻无相似，亦非有诸法；

不实速如电，如幻应当知。

尔时，大慧菩萨摩诃萨复白佛言：“世尊，如佛先说，一切诸法皆悉无生[①]，又言如幻，将非所说前后相违。”

佛言：“大慧，无有相违。何以故？我了于生即是无生，唯是自心之所见故。若有若无一切外法，见其无性本不生故。大慧，为离外道因生义故，我说诸法皆悉不生。大慧，外道群聚共兴恶见，言从有无生一切法，非自执著分别为缘。大慧，我说诸法非有无生，故名无生。大慧，说诸法者，为令弟子知依诸业摄受生死，遮其无有断灭见故。大慧，说诸法相犹如幻者，令离诸法自性相故，为诸凡愚堕恶见欲，不知诸法唯心所现，为令远离执著因缘生起之相，说一切法如幻如梦，彼诸愚夫执著恶见，欺诳自他，不能明见一切诸法如实住处。大慧，见一切法如实处者，谓能了达唯心所现。”

尔时，世尊重说颂言：

无作故无生，有法摄生死；
了达如幻等，于相不分别。

注释：

①无生：涅槃、虚空等无为法乃不生不灭，是为“无生”，观不生不灭之理而灭生灭之烦恼。

译文：

“此外，大慧，不可说幻是无，诸法也是这样，如幻并非无。”

大慧说：“世尊，是因为执著各种幻相说一切如幻？还是因为执著诸法颠倒相故言一切法如幻？世尊，并非一切都如幻，因为种种色相均不是无因而有的，若都无因而种种色相现，即可说一切如幻，所以世尊，不可说一切法都与幻相相似，如梦如幻。”

佛说：“不可因幻相有种种，诸法有种种，而说一切法如幻，而应以一切法当体不实，速起速灭，如电如光，所以说一切法如幻。大慧，譬如电光，一闪即逝，世间所见一切诸法，也是这样，本都是自心虚妄分别所见，而愚夫起自、共相执著，虚妄计著各种色相。”

其时，世尊重说颂：

诸法如幻并非一无所有，也并不是实有诸法；
诸法如电如光无自体性，所以说一切法如幻。

其时，大慧菩萨又对佛说："世尊，如果像佛所说的，一切诸法悉皆不生，又说诸法如梦如幻，如此，岂不前后所说互相矛盾？"

佛说："大慧，并不矛盾。为什么呢？因为生即是无生，所谓生者，唯是自心之虚妄显现尔，若有若无，一切外法，因其无性，故本不生。大慧，为离外道以神我为生因，我说诸法皆悉不生。大慧，外道谓从有无生一切法，不说自心分别执著因缘而生。大慧，我说诸法非从有无而生，故名无生。大慧，说诸法者，为令诸受化者，知一切法虽无作者，而业不亡，是故报受二种生死，破其邪见断灭戏论。大慧，说诸法相如梦如幻者，令离诸法自性相故，为诸凡愚堕于恶见，不知诸法唯心所现，为令远离执著因缘生起诸相，说一切法如梦如幻。彼诸愚夫执苦恶见，欺诳自他，不能明见一切法如实住处。所谓一切法如实住处者，即了达一切法唯心所现。"

其时，世尊重说颂：

以无作性故说无生，为遮断见故说有业摄生死；
了达诸法如幻如梦，不于诸法性相而起虚妄分别。

"复次，大慧，我当说名句、文身相[①]。诸菩萨摩诃萨善观此相，了达其义，疾得阿耨多罗三藐三菩提，复能开悟一切众生。大慧，名身者，谓依事立名，名即是身，是名名身；句身者，谓能显义决定究竟，是名句身；文身者，谓由于此能成名句，是名文身。复次，大慧，句身者，谓句事究竟；名身者，谓诸字名各各差别，如从阿字乃至呵字；文身者，谓长短高下。复次，句身者，如足迹，如衢巷中人畜等迹。名谓非色四蕴以名说故，文谓名之自相由文显故，是名名句文身。此名句文身相汝应修学。”

尔时，世尊重说颂言：

名身与句身，及字身差别；

凡愚所计著，如象溺深泥。

“复次，大慧，未来世中，有诸邪智恶思觉者，离如实法以见一异、俱不俱相，问诸智者，彼即答言：‘此非正问。’‘谓色与无常为异为不异，如是涅槃诸行，相所相，依所依，造所造，见所见，地与微尘，智与智者，为异为不异？’如是等不可记事，次第而问，世尊说此当止记答。愚夫无智，非能所知，佛欲令其离惊怖处，不为记说。大慧，不记说者，欲令外道永得出离作者见故。

“大慧，诸外道众计有作者，作如是说，命即是身，命异身异，如是等说，名无记论。大慧，外道痴惑说无记论，非我教中。大慧，我教中说离能、所取，不起分别。云何可止？大慧，若有执著能取、所取，不了唯是自心所见，彼应可止。大慧，诸佛如来以四种记论[②]，为众生说法。大慧，止记论者，我别时说，以根未熟且止说故。

“复次，大慧，何故一切法不生？以离能作、所作、无作者故。何以一切法无自性？以证智观自相、共相不可得故。何故一切法无来去？以自共相来无所从，去无所至故。何故一切法不灭？谓一切法无性相故，不可得故。何故一切法无常？谓诸相起无常性故。何故一切法常？谓诸相起即是不起，无所有故，无常性常，是故我说一切法常。

……

注释：

①名句：显示体为“名”，诠释义为“句”。如“诸行无常”，“诸行”二字是名，“无常”二字是句。《成唯识论》以诠释自性为“名”，以诠释差别为“句”。文身：名句所依之文字，二字以上者为“身”。

②四种记论：又称为“四答”。按《大智度论》说法，一者一向记，如问一切众生皆当死否？应肯定答之曰：一切众生皆当死；二分别记，如问一切死者皆当生否？应分别作答；三是反诘记，如问人为胜为劣？即应反问之，相对于什么而言？四舍置记，如问五蕴与有情人生是一或是异？此类问题不予作答。

译文：

“此外，大慧，我当为你解说显体释义及其所依文字之名句、文身之相。诸大菩萨善于观察此相，了达其义，速得无上正等正觉，后又能开悟一切众生。大慧，所谓名身者，亦即依事

立名，如依瓶衣等物，立瓶衣等名，如名能诠自性，此谓名身；所谓句身者，亦即能显示该句之义理，如说“诸法无常”，显示“诸法无常”义，此即是句身；所谓文身者，由于此等文字能成名句，是名文身。此外，大慧，有文时必有名，但未必有句，但有句者，必有句及文；所谓名身者，亦即诸字名各各差别，如从阿字直至呵字；文身者，即音韵屈曲长短高下等。此外，句身者，如足迹，如街巷中人及象马诸牲畜之足迹，循其足迹即可找到人或畜；名身者，如受、想、行、识四蕴，非有形可见，故以名说；文身者，即是名之实性相，由文而显。如此即是所谓的名句文身。此名句文身相，你应修学。”

其时，世尊重说颂：

显体之名身与释义之句身，以及名句所依之文字；
愚痴凡夫虚妄计著，有如大象溺于污泥之中。

“此外，大慧，未来世中，有诸邪智恶觉观者，因邪见一异、俱不俱等，以一异、俱不俱等四句问于智者，智者即回答道：‘此非是正问。’邪智之人又问道：‘色与无常是异或是不异？涅槃与诸生死有为法是异或是不异？相与所相是异或是不异？依与所依是异或是不异？造与所造是异或是不异？见与所见是异或是不异？大地与微尘是异或是不异？智与智者是异或是不异？’凡此诸问，都属无记，世尊说都不应予以回答，因为愚夫无有智慧，这些问题不是他们所能了知的，佛为使他们离常断邪见，故不予作答。大慧，无记事，不作答，这是为了使外道反思而自得觉悟，永得出离造作者之邪见。

“大慧，外道众计有作者，认为命即是身。命与身为一为

异，此皆属无记邪论。大慧，外道愚痴说无记邪论，这不是我佛效法之法。大慧，我佛法中说法远离能取、所取，于能、所取不起分别，所以我佛法中不予回答。大慧，若有执著能取、所取，不能了达诸法唯是自心所现，对于这种人，当以四种记论为其说法开示，视其根机，因时而异，我以四种记论置答。

“又，大慧，何故一切法不生？因为一切法离能作、所作，无有作者。何故一切法无自性？因为以圣智观察一切法均不可得。何故一切法无去来？因为一切之自相、共相均无所从来，去亦无所至。何故一切法不灭？因为一切法体空无自性，相不可得。何故一切法无常？因为一切相起即灭，无有常性。何故说一切法常？因为诸法本无生灭，起即不起，无常之性常，是故说一切法常。”

……

尔时，大慧菩萨摩诃萨复白佛言：“世尊，愿为我说，诸须陀洹、须陀洹果行差别相[①]，我及诸菩萨摩诃萨闻是义故，于须陀洹、斯陀含、阿那含、阿罗汉方便相[②]，皆得善巧，如是而为众生演说，令其证得二无我法，净除二障，于诸地相渐次通达，获于如来不可思议智慧境界，如众色摩尼，普令众生悉得饶益。”

佛言：“谛听，当为汝说。”

大慧言：“唯。”

佛言：“大慧，诸须陀洹、须陀洹果差别有三：谓下中上。大慧，下者于诸有中极七反生；中者三生五生；

上者即于此生而入涅槃。

“大慧，此三种人断三种结，谓身见、疑、戒禁取[③]，上上胜进得阿罗汉果。

“大慧，身见有二种，谓俱生及分别，如依缘起有妄计性。大慧，譬如依止缘起性，故种种妄计执著性生，彼法但是妄分别相，非有非无，非亦有亦无，凡夫愚痴而横执著，犹如渴兽妄生水想。此分别身见无智慧故久远相应，见人无我即时舍离。大慧，俱生身见，以普观察自他之身，受等四蕴无色相故，色由大种而得生故。是诸大种互相因故，色不集故，如是观已，明见有无即时舍离。舍身见故，贪则不生，是名身见相。

“大慧，疑相者，于所证法，善见相故，及先二种身见分别断故。于诸法中疑不得生，亦不于余生大师想为净不净，是名疑相。大慧，何故须陀洹不取戒禁，谓以明见生处苦相，是故不取，夫其取者，谓诸凡愚于诸有中贪著世乐，苦行持戒，愿生于彼。须陀洹人不取是相，惟求所证最胜无漏无分别法，修行戒品，是名戒禁取相。大慧，须陀洹人舍三结故，离贪嗔痴。”

大慧白言：“贪有多种，舍何等贪？”

佛言：“舍于女色缠绵贪欲，见此现乐生来苦故；又得三昧殊胜乐故，是故舍彼，非涅槃贪。

“大慧，云何斯陀含果？谓不了色相，起色分别，一往来已，善修禅行，尽苦边际而般涅槃，是名斯陀含。

“大慧，云何阿那含果？谓于过、未、现在色相起有无见，分别过恶，随眠不起，永舍诸结，更不还来，是名阿那含。

“大慧，阿罗汉者，谓诸禅三昧解脱力通悉已成就，烦恼诸苦分别永尽，是名阿罗汉。”

大慧言：“世尊，阿罗汉有三种，谓一向趣寂、退菩提愿、佛所变化。此说何者？”

佛言：“大慧，此说趣寂，非是其余。大慧，余二种人，谓已曾发巧方便愿，及为庄严诸佛众会，于彼示生。

“大慧，于虚妄处说种种法，所谓证果，禅者及禅，皆性离故，自心所见，得果相故。大慧，若须陀洹作如是念：我离诸结，则有二过，谓堕我见及诸结不断。复次，大慧，若欲超过诸禅无量色界者④，应离自心所见诸相。大慧，想受灭三昧，超自心所见境者不然，不离心故。

……

注释：

①须陀洹：全称“须陀般那”，又译作“入流”、“预流”，初入圣流之义，声闻乘四果之初果。

②斯陀含：又译作“一来”，声闻乘四果之一，因其只断欲界九地修惑中的前六品，尚余后三品，因此，得此果者还必须再于欲界之人间与天上受生一次，故名。阿那含：又译作“不还”或

“不来”，因其已断尽欲界之修惑，不须再来欲界受生，其所受生当于色界和无色界，故称“不来”。

③身见：五见之一，因不能了达我及我所乃是五蕴和合之假相，执有实我。疑：十见之一，指对于佛教真理尚有存疑，接受佛教真理犹豫不决，小乘“预流”以上，菩萨初地以上，乃焉断疑者。戒禁取：五见之一，依仿非究竟之邪禁，学其各种做法，以为如此则可生天或入涅槃。

④无量：即慈、悲、喜、舍四无量心。

译文：

其时，大慧菩萨又对佛说：“世尊，请为我等说诸须陀洹、须陀洹果行相差别，使我及诸大菩萨，了知通达须陀洹、斯陀含、阿那含、阿罗汉因行果位之种种差别相，而为众生宣讲演说，令其证得二无我法（人无我、法无我），净除二障（烦恼障、所知障），渐渐通达菩萨诸地，进而入于如来所证境界，得佛法身，为利乐有情、饶益众生，请佛为说四果差别之相。”

佛说：“大慧，你等认真听着，我当为你等宣说。”

大慧说：“是的。”

佛说：“大慧，诸须陀洹、须陀洹果差别有三：即上、中、下三种。大慧，下者未断欲界之惑，须人间、天上七往返方能证得阿罗汉界；中者或三生、五生得阿罗汉果；上者即此一生得阿罗汉果。

“大慧，此三种人断除三种惑见：一者身见（于五蕴执有实我之邪见），二者疑见（疑佛说是否为正），三者戒禁取见（随

顺外道之种种非理之戒禁并以之为最胜），以上上之智，断种种惑见，证得阿罗汉果。

"大慧，身见有二种，即俱生与分别，如依缘起而有妄计性。大慧，譬如依止缘起性，故种种妄计执著性生，非有非无，非亦有亦无，愚昧凡夫妄加执著，犹如渴兽于阳焰妄生水想，此即分别身见，执有我、我所，因无智慧的缘故，从无始世以来即与它相应。须陀洹能见人无我，即时可得舍此分别身。大慧，俱生身见者，即普观自身及与他身，受、想、行、识诸蕴与色俱有名无体，无自性相；观色蕴从四大种所造，展转相因而生。四大既无主宰，谁能合集以成色？色蕴如此，余四蕴亦然，如是观察，明见有无俱妄不实，五蕴无体，身见即断。

"大慧，疑相者，谓于所证之四圣谛法善见其相，断除先前所说的二种身见，于诸法中不生疑心，亦不生于尊者以为尊相，是净与不净，如此是名疑相。何故须陀洹不取戒禁取见？因为须陀洹不取未来受生之戒，知有生处即有诸苦故。取此戒禁取见者，盖由于诸愚痴凡夫，于三有中，求五欲乐，苦行修习，愿生彼处，须陀洹人不取未来受生处五欲乐，唯求所证最胜无漏四真谛理无分别法，方便受持，修行正戒，是名断戒禁取见。大慧，须陀洹人舍身见、疑见、戒禁取见三种惑障，离贪嗔痴三大根本烦恼。"

大慧对佛说："贪有多种，舍哪一种贪？"

佛说："大慧，舍于女色之贪，知此现时欲乐，来生必定受苦，须陀洹不取此种贪，以得三昧乐行故，非离涅槃贪（须陀洹不像菩萨，尚贪求涅槃）。

“大慧，如何是斯陀含果？谓不了色相自性，起色分别，故尚须一往来于人天，善修禅定智慧，至我见不生，诸苦尽除，而得涅槃，此是名斯陀含。

“大慧，如何是阿那含果？谓于过去、现在、未来三世诸法自性无实，见凡有生处即有诸苦，烦恼习不起，舍离诸惑，更不还生欲界，是名阿那含。

“大慧，阿罗汉者，修行四禅及三昧，了八解脱，分证十力，三明六通皆已成就，招致诸苦之烦恼业悉已断尽，是名阿罗汉。”

大慧说：“世尊，阿罗汉有三种，即趣寂定性罗汉、已退还发菩提心之不定种性罗汉、佛所变化示现罗汉，世尊所说，是指哪一种阿罗汉？”

佛说：“大慧，此说趣寂定性罗汉，非是其他二种阿罗汉。其他二种阿罗汉是指，退已还发大菩提心者，已曾发善巧广大行愿成熟有情佛所化者，为庄严诸佛国土及其眷属，于彼示生作阿罗汉者。

“大慧，于妄想众生处说种种法，断诸烦恼所证四果之禅者及诸禅三昧，本性皆离虚妄之故，唯自心量虚妄所见得果相而已。大慧，若须陀洹这样想：我已断除诸惑见，此则有二种失，即我见及诸惑见悉未断除。又，大慧，若欲超过声闻乘诸禅、四无量心及无色界四空定，得如来三昧者，应当远离自心所现诸相。大慧，声闻即以想受灭定为最高境界，若说它是超过自心量所现的境界，则是不对的，为什么呢？因它是不离心的缘故。

……

“复次，大慧，有二种觉智，谓观察智及取相分别执著建立智。观察智者，谓观一切法离四句不可得[①]。四句者，谓一异、俱不俱，有非有、常无常等。我以诸法离此四句，是故说言，一切法离。大慧，如是观法汝应修学。云何取相分别执著建立智？谓于坚湿暖动诸大种性，取相执著虚妄分别，以宗因喻而妄建立[②]，是名取相分别执著建立智，是名二种觉智相。菩萨摩诃萨知此智相，即能通达人、法无我，以无相智于解行地善巧观察，入于初地，得百三昧，以胜三昧力见百佛百菩萨，知前后际，各百劫事，光明照耀百佛世界，善能了知上上地相，以胜愿力变现自在，至法云地而受灌顶，入于佛地十无尽愿，成就众生种种应现无有休息，而恒安住自觉境界三昧胜乐。

“复次，大慧，菩萨摩诃萨当善了知大种造色。云何了知？大慧，菩萨摩诃萨应如是观，彼诸大种真实不生，以诸三界，但是分别，惟心所现，无有外物，如是观时，大种所造悉皆性离超过四句，无我、我所，住如实处，成无生相。

“大慧，彼诸大种云何造色？大慧，谓虚妄分别津润大种成内外水界，炎盛大种成内外火界，飘动大种成内外风界，色分段大种成内外地界，离于虚空，由执著邪谛，五蕴聚集，大种造色生。大慧，识者以执著种种言说境界，为因起故，于余趣中相续受生。大慧，地等造色有大种因，非四大种为大种因。何以故？谓若有法有形相者，则是所作，非无形者。大慧，此大种造色相外道分别非是我说。

“复次，大慧，我今当说，五蕴体相，谓色受想行识。大慧，色谓四大及所造色，此各异相，受等非色。大慧，非色诸蕴犹如虚空无有四数。大慧，譬如虚空，超过数相，然分别言，此是虚空，非色诸蕴，亦复如是，离诸数相，离有无等四种句故。数相者愚夫所说，非诸圣者，诸圣但说如幻所作，唯假施设，离异不异，如梦如像，无别所有。不了圣智所行境故，见有诸蕴分别现前，是名诸蕴自性相。大慧，如是分别，汝应舍离，舍离此已，说寂静法，断一切刹诸外道见，净法无我，入远行地③，成就无量自在三昧，获意生身，如幻三昧，力通自在，皆悉具足，犹如大地普益群生。

“复次，大慧，涅槃有四种。何等为四？谓诸法自性无性涅槃，种种相性无性涅槃，觉自相性无性涅槃，断诸蕴自、共相流注涅槃。大慧，此四涅槃是外道义，非我所说。大慧，我所说者，分别尔炎识灭名为涅槃。”

大慧言：“世尊，岂不建立八种识耶？“

佛言：“建立。”

大慧言：“若建立者，云何但说意识灭，非七识灭？”

佛言：“大慧，以彼为因及所缘故，七识得生。大慧，意识分别境界，起执著时，生诸习气，长养藏识，由

是意俱我、我所执，思量随转无别体相，藏识为因、为所缘故，执著自心所现境界，心聚生起展转为因。大慧，譬如海浪自心所现境界风吹而有起灭，是故意识灭时，七识亦灭。

……

注释：

①四句：有“四句分别”、“四句指捡”、“四句执”、“四句成道”等，此指“四句执”，如诸法是常，诸法无常，诸法亦常亦无常，诸法非常非无常、有无、一异等类此。

②宗因喻：新因明用语，依宗（命题）、因（理由）、喻（譬喻）等三支成立之因明论式，称为“三支作法”。古因明五支作法，由宗、因，喻、合、结五支组成之推理论式。三支作法即将“合”支归摄于喻体，将“结”支归摄于宗支。

③远行地：菩萨十地中之第七地，此地菩萨住于纯无相观，远过于世间及二乘之有相行，故名。

译文：

“此外，大慧，有二种智，即观察智及取相分别执著建立智。观察智者，即观一切法离四句，皆不可得。所谓四句者，即诸如常、无常、亦常亦无常、非常非无常等。我以诸法离此四句，故说一切诸法皆不可得。大慧，如此观察诸法，你等应该修学。如何取相分别执著建立智？谓于地、水、风、火四大种相，虚妄分别，妄想执著，以宗因喻五分法，成于不实而妄建立，是名邪正二种觉智相。大菩萨知此智相即能通达人、法二种无我，以无相智于地前胜解行位，善巧观察，即入初地，得大乘光明等百三昧门，以彼胜力见百佛，乃至光明照烛百佛世界，善能了知离垢地相，以本愿力故，现种种神通，至第十地而受佛灌顶，入于佛地以十无尽愿，成就众生，各种应现，无有休息而常安住自觉境界三昧乐。

“又，大慧，大菩萨应当善于了知四大造色。如何了知？大慧，大菩萨应如是观察，彼诸大种真实不生，乃至三界但是妄心分别，唯是心之显现，无有外法。如是观察时，四大种所造悉皆离四句、无自性、无我、我所，住于如实之处而成就无生之相。

“大慧，彼诸大种如何造色？大慧，诸外道妄想有津润之性为水大种，生内外水界（内水如血、汗，外水如河、海等），有炎热之性为火大种，生内外火界（内火如体内热气，外火如自然之火），有飘动之性为风大种，生内外风界（内则气息运行，外则空气流动），有色质之性为地大种，生内外地界（内则皮肉筋骨，外则田地高原），外道妄计有坚、湿、暖、动四性离于虚空，由妄想执著，不了五蕴虚假积聚，本无有性，故言四大种造色。大慧，五蕴妄识，由迷真心执著种种言语境界，作业受生，于诸趣中相续不断。大慧，地等造色实乃妄心所现，非由四大种所造，为何这么说呢？因为若有法者，即有形相，即是所作，非离形相而有诸法。大慧，此大种造色乃是外道所说，非是我说。

“又，大慧，我今当说五蕴体相。五蕴者，即色、受、想、行、识。大慧，所谓色者，指四大及所造色，此各各异相：受、想、行、识诸蕴更非色法，无色法相，如同虚空，何有四种数相？

大慧，譬如虚空，离于诸相，而虚妄分别，此是虚空，彼是虚空。非色之受、想、行、识诸蕴，也是这样，因其离诸数相，离于有无。数相者，愚夫所说，非圣者说，圣者虽见五蕴，但了知此等诸蕴皆妄心分别所作，只是假名施设，相虽是有，而无其实，皆如影如幻，别无自体。不了如来所证境界，见有诸蕴，执著分别，常现在前，此即是妄想诸蕴自性相。大慧，这种分别你应当远离。舍离此等分别执著之后，说诸法实相，断一切外道邪见，了知诸法无我，入纯无相观之‘远行地’，成就无量自在三昧，获意生身，达如幻三昧，神通自在，犹如大地，利益群生。

“此外，大慧，涅槃有四种。哪四种呢？谓以诸法体性为有性为无性的涅槃；以种种相为有为无的涅槃；觉悟自相为有性无性的涅槃；此三种是外道之所谓涅槃。此外，断五蕴六道中相续流注，以人无我为涅槃，此是二乘所谓涅槃。大慧，此四种涅槃非我所说。大慧，我所说者，分别所知境界识灭，名为涅槃。”

大慧说：“世尊，岂不建立八种识吗？”

佛说：“建立。”

大慧说：“若建立者，如何但说意识灭，非七转识灭？”

佛说：“大慧，以第八识为因及所依，前七识得生。大慧，前六识了境起执著时，生诸习气，熏习增长阿赖耶识，由是末那识执为我、我所，恒审思量，相续随转，无别体相。彼二种识，以阿赖耶识为因为所缘的缘故，观自心见境，妄想执著生种种心，犹如束竹互相为因。大慧，又如大海波浪，以自心所现境界为风吹，而有生灭，所以意识灭时，余七识亦灭。

……

“复次，大慧，我今当说妄计自性差别相，令汝及诸菩萨摩诃萨善知此义，超诸妄想，证圣智境，知外道法，远离能取、所取分别，于依他起种种相中，不更取著妄所计相。大慧，云何妄计自性差别相，所谓言说分别、所说分别、相分别、财分别，自性分别、因分别、见分别、理分别、生分别、不生分别、相属分别、缚解分别。大慧，此是妄计自性差别相。

“云何言说分别？谓执著种种美妙音词，是名言说分别。云何所说分别？谓执有所说事，是圣智所证境依此起说，是名所说分别。云何相分别？谓即于彼所说事中，如渴兽想，分别执著坚湿暖动等一切诸相，是名相分别。云何财分别？谓取著种种金银等宝而起言说，是名财分别。云何自性分别？谓以恶见如是分别此自性，决定非余，是名自性分别。云何因分别？谓于因缘分别有无，以此因相而能生故，是名因分别。云何见分别？谓诸外道恶见，执著有无、一异、俱不俱等，是名见分别。云何理分别？谓有执著我、我所相，而起言说，是名理分别。云何生分别？谓计诸法若有若无从缘而生，是名生分别。

“云何不生分别？谓计一切法本来不生，未有诸缘而先有体，不从因起，是名不生分别。云何相属分别？谓此与彼，递相系属，如针与线，是名相属分别。云何缚解分别？谓执因能缚，而有所缚，如人以绳方便力

故，缚已复解，是名缚解分别。大慧，此是妄计性差别相，一切凡愚于中执著，若有若无。大慧，于缘起中，执著种种妄计自性，如依于幻见种种物，凡愚分别，见异于幻。大慧，幻与种种非异非不异。若异者，应幻非种种因；若一者，幻与种种应无差别。然见差别，是故非异非不异。大慧，汝及诸菩萨摩诃萨于幻有无不应生著。”

……

大慧菩萨摩诃萨复白佛言：“世尊，惟愿为说自证圣智行相及一乘行相，我及诸菩萨摩诃萨得此善巧，于佛法中不由他悟。”

佛言：“谛听，当为汝说。”

大慧言：“唯。”

佛言：“大慧，菩萨摩诃萨依诸圣教无有分别，独处闲静观察自觉，不由他悟，离分别见，上上升进入如来地，如是修行，名自证圣智行相。云何名一乘行相[①]？谓得证知一乘道故。云何名为知一乘道？谓离能取、所取分别，如实而住。大慧，此一乘道惟除如来，非外道、二乘、梵天王等之所能得。”

大慧白佛言：“世尊，何故说有三乘，不说一乘？”

佛言：“大慧，声闻、缘觉，无自般涅槃法故，我说一乘以彼但依如来所说，调伏远离，如是修行而得解脱，非自所得；又彼未能除灭智障及业习气，未觉法无我，未名不思议变易死，是故我说以为三乘。若彼能除一切过习，觉法无我，是时乃离三昧所醉，于无漏界而得觉悟已[②]。于出世上上无漏界中修诸功德，普使满足，获不思议自在法身。”

尔时，世尊重说颂言：

天乘及梵乘，声闻缘觉乘；
诸佛如来乘，诸乘我所说。
乃至有心起，诸乘未究竟；
彼心转灭已，无乘及乘者。
无有乘建立，我说为一乘；
为摄愚夫故，说诸乘差别。
解脱有三种，谓离诸烦恼；
及以法无我，平等智解脱。
譬如海中木，常随波浪转；
声闻心亦然，相风所飘激。
虽灭起烦恼，犹被习气缚；
三昧酒所醉，住于无漏界。
彼非究竟趣，亦复不退转；
以得三昧身，乃至劫不觉。
譬如昏醉人，酒消然后悟；
声闻亦如是，觉后当成佛。

注释：

①一乘：以成佛为唯一之教，认为一切众生都有佛性，都能

成佛。中国佛教性宗认为一乘是真实究竟之教，三乘是方便教，相宗与此相反，认为三乘是真实，一乘是方便。

②无漏界：即断除烦恼之境界。漏者，“烦恼”之异名，如贪嗔痴诸烦恼。无漏者，即离烦恼之义。

译文：

“此外，大慧，我今当说妄计自性差别相，令你及诸大菩萨善知此义，超诸妄想，证自智境，知外道法，远离能取、所取分别，于依他起种种相中，不再取著妄计相。大慧，如何是妄计自性差别相？所谓言说分别，所说分别，相分别，财分别，自性分别，因分别，见分别，理分别，生分别，不生分别，相属分别，缚解分别。大慧，此等均是妄计自性差别相。

“大慧，如何是言说分别？谓执著种种音声章句，以为有性，是名言说分别。如何是所说分别？计有五法、三自性等，是名所说分别。如何相分别？谓即于所说事中，计有诸如地、水、火、风四大诸相，是名相分别。如何是财分别？谓取著种种金银财宝，而起言说，是名财分别。如何自性分别？谓以恶见分别诸法自性，如地性坚、水性湿、火性热、风性动等等，是名自性分别。如何是因分别？谓于因缘而分有无，以有此因而生此法，是名因分别。如何见分别？谓如外道恶见，执著于有无、一异、俱不俱等，是名见分别。如何是理分别？于诸蕴中，计有我、我所，说虚妄法，是名理分别。如何是生分别？谓计著诸法若有若无，从缘而生，是名生分别。

“如何是不生分别？谓计著一切诸法，本来不生，无有体性，不从缘起，不自因生，是各不生分别。如何是相属分别？以有为诸法，俱是因果相续，如针与线，是名相属分别。如何是缚解分别？计有烦恼能缚众生，又以修道使众生解脱，如人先为绳子所缚，后松缚得解，是名缚解分别。大慧，此等都是凡夫妄分有无，生此分别。大慧，于缘起性中虚妄执著此种种分别，如依于幻术而见种种物事，凡夫愚人执此等虚幻物事为实有。大慧，幻有之与种种物事，非异非不异。若异者，幻术非是此等物事之因；若不异，幻化所现与种种物事应是无差别。但幻术与种种物事是不同的，因此二者非异非不异。大慧，你及诸大菩萨于有于无不应生执著。”

……

大慧菩萨又对佛说；“请世尊为我等说自证圣智行相及一乘行相，我及诸大菩萨识此行栢，于此中而得觉悟，不更由其他途径而得觉悟。”

佛说：“你等好好听着，我当为你等解说。”

大慧说：“是的。”

佛说：“大慧，大菩萨依圣教所言诸法无性，但妄想分别之义理，于闲静之处观照自觉，非由他悟，离妄想见，即能渐渐进入佛位，依此修行，是名自证圣智行相。如何是一乘行相？证知一乘道即名一乘行相。如何是一乘道？亦即能远离能取、所取，如实而住。大慧，此一乘道唯有如来善于了知，非二乘、梵天及诸外道所能了知。”

大慧对佛说：“世尊，何故如来说有三乘，不说一乘？”

佛说：“大慧，一乘者，知生死无自性，生死即是涅槃，声闻、

缘觉二乘无自性涅槃法，但依厌离世间、调伏修行而求解脱，如来应二乘根机，是故不说一乘，而说三乘法。又，声闻、缘觉未断所知障及业习气，不觉法无我，未度生死变易死，是故我说三乘之法。彼等若能断除以上诸过习，觉法无我，其时乃离于涅槃想，于无漏界而得觉悟。觉悟之后，自知住有余地，进而精进修行，使诸功德圆满，其时即得如来自在法身。”

此时，世尊重说颂：

天乘、梵乘、声闻乘、缘觉乘、佛乘，
此等诸乘乃佛所说。
心动而计有诸乘，此悉未究竟；
若妄想心灭，即无诸乘及能乘之人。
无乘有乘者，我说为一乘；
为引导愚夫故，说诸乘差别。
解脱有三种，离烦恼者二乘解脱；
达法无我平等智者，如来真实解脱。
譬如海中木头，常随波浪翻转；
声闻之心亦然，随境相之风所飘游。
虽已灭烦恼又更起烦恼，犹如被习气所缚；
进而为涅槃所缚，住于无漏界。
此非究竟境界，但也不退更作凡夫；
自以为已得涅槃，乃至劫数不觉。
譬如昏醉之人，醒后方才觉悟；
声闻也是这样，觉悟之后，当能成佛。

无常品第三之一

本品继续总结修证如来藏的义理关键，分为七节：

第一节阐明修证过程中所得的三种意生身，以及内、外五无间业；只要破除虚妄，不离自心，皆能不堕地狱，甚至获得解脱。

第二节讲述诸佛体性，以明了如来自证圣智；接下来讲述度化众生的智慧，首先辨明四平等义，其次宣说两种密法，诸佛同如来皆以此密意度化众生。

第三节首先明辨诸法有无相，菩萨皆应远离而取中道；其次分析通达正法的两种通相：宗通与说通。前者是自证，后者才能化他，二者缺一不可。

第四节首先阐明何为虚妄分别，其如何而生，在何种法中生；其次分析"语"与"义"的差别，指明要依义而不依语。

第五节首先辨明"智"、"识"差别，要依智不依识；"智"有三种，以"知不生不灭智"为出世间上上智；其次讲外道依识不依智，且外道之"识"有九种转变，皆如海市蜃楼，非佛境界。

第六节首先阐述一切法的深密义与解脱义：诸法大体有十一种执著深密相，凡夫亦有三种深密缠缚，佛指出此皆是愚人妄想分别所致，如离妄想，密网自断。其次解决一切法无自性而妄想似乎有自性的矛盾，指出妄想也无自性，而圣智超越自性非自性，唯有修证悟得。再次解决凡夫妄想与如来圣智之间的矛盾，

指明佛法以方便为究竟，对空说有，对有说空，不落有无常断。最后论述菩萨不应立“一切法不生”为宗，应明了“如实之法”与“言说法”的区别，随顺众生根器，因材施教。

第七节首先论证勿习世论，因其皆是妄想分别，执著能所；其次辨明佛的涅槃与外道涅槃的差别，唯有佛涅槃离种种妄想，唯心证量，最为究竟。

尔时，佛告大慧菩萨摩诃萨言：“今当为汝说意成身差别相①，谛听谛听，善思念之。”

大慧言：“唯。”

佛言：“大慧，意成身有三种。何者为三？谓入三昧乐意成身，觉法自性意成身，种类俱生无作行意成身。诸修行者入初地已②，渐次证得。

“大慧，云何入三昧乐意成身？谓三、四、五地入于三昧③，离种种心寂然不动，心海不起，转识波浪，了境心现，皆无所有，是名入三昧乐慧成身；云何觉法自性意成身？谓八地中了法如幻，皆无有相，心转所依，住如幻定及余三昧，能现无量自在神通，如花开敷，速疾如意，如幻、如梦、如影、如像，非四大造与造相似，一切色相具足庄严，普入佛刹了诸法性，是名觉法自性无作行意成身；云何种类俱生无作行意成身？谓了达诸佛自证法相，是名种类俱生无作行意成身。大慧，三种身相当勤观察。

……

尔时，大慧菩萨摩诃萨复白佛言："世尊，如世尊说五无间业[④]。何者为五？若人作已，堕阿鼻狱[⑤]。"

佛言："谛听，当为汝说。"

大慧言："唯。"

佛告大慧："五无间者，所谓杀母、杀父、杀阿罗汉、破和合僧、怀恶逆心出佛身血。

"大慧，何者为众生母？谓引生爱与贪喜俱如母养育。何者为父？所谓无明令生六处聚落中故，断二根本名杀父母。云何杀阿罗汉？谓随眠为怨，如鼠毒发，究竟断彼，是故说名杀阿罗汉。云何破和合僧？谓诸蕴异相和合积聚，究竟断彼名为破僧。云何恶心出佛身血？谓八识身妄生思觉，见自心外自相、共相，以三解脱无漏恶心，究竟断彼八识身佛，名为恶心出佛身血。大慧，是为内五无间。若有作者，无间即得现证实法。

"复次，大慧，今为汝说外五无间，令汝及余菩萨闻是义已，于未来世不生疑惑。云何外五无间？谓余教中所说无间，若有作者于三解脱不能现证，唯除如来诸大菩萨及大声闻，见其有造无间业者，为欲劝发令其改过，以神通力示同其事，寻即悔除证于解脱。此皆化现，非是实造，若有实造无间业者，终无现身而得解脱，唯除觉了自心所现身资所住，离我、我所分别执见，或于来世余处受生遇善知识离分别过，方证

解脱。”

尔时，世尊重说颂言：

贪爱名为母，无明则是父；
识了于境界，此则名为佛。
随眠阿罗汉，蕴聚和合僧；
断彼无余间，是名无间业。

注释：

①意成身：亦作“意生身”。

②初地：此指菩萨十地中之第一地，即“欢喜地”，谓菩萨初得圣性、证人、法二空之理，生大欢喜心，故名。

③三、四、五地：此指菩萨十地中之第三“发光地”、第四“焰慧地”和第五“极难胜地”。

④五无间业：即感阿鼻地狱果报之业。造此种业有五种无间断之果报：一是趣果无间，自造业与受果报之间，无间隔生于他处；二者受苦无间，即受苦无间断；三者时无间，即受苦之时间无间断；四者命无间，受苦之命相续而无间断；五者形无间，阿鼻地狱广大无垠，无丝毫空隙处。

⑤阿鼻狱：也称“阿鼻地狱”。阿鼻，译作“无间”，阿鼻狱即处于最底层之地狱。

译文：

其时，佛对大慧菩萨说：“今当为你等说意成身差别相，你等好好听着，认真思维观察。”

大慧说："是的。"

佛说："大慧，意成身有三种，哪三种呢？谓入三昧乐意成身、觉法自性意成身、种类俱生无作行意成身。诸修行者入初地后，渐次证得。

"大慧，如何是入三昧乐意成身？谓于三、四、五地入于三昧，离种种分别妄想，寂然不动，心海不起转识波浪，知一切境界，唯自心所现，本无所有，是名入三昧乐意成身；如何觉法自性成身？谓八地菩萨，了知诸法如梦、如幻，皆无有相，心转所依，住如幻三昧及其他无量三昧，能现自在神通，如花开放，速疾如意，如幻、如梦、如影、如像，非四大所造，形相又似四大所造，一切色相具足无些许缺欠，普入佛刹，达诸法性如幻梦不实，此谓觉法自性意成身；如何种类俱生无作行意成身？谓至佛地，了达诸佛自证圣智境界，现各种相无须作意，如随意生自在无碍，是名种类俱生无作行意成身。大慧，此三种意成身义当勤修学。"

……

其时，大慧菩萨又对佛说："如世尊所说五无间业，是哪五种？如果作了此业，定堕阿鼻地狱。"

佛说："好好听着，当为你等讲说。"

大慧说："是的。"

佛对大慧说："五无间业者，所谓杀母、杀父、杀阿罗汉、破和合僧、怀恶逆心出佛身血。

"大慧，何谓众生母？亦即能引生贪爱之五蕴身，如生产、养育婴儿之母亲者。何谓众生父？所谓无明造业，生此受识名色

六入之身者是。断除此痴爱生身之二根本者,名为杀父母。如何是杀阿罗汉?如惑眠伏于藏识中,微细不现,如鼠噬人,疮虽已愈,遇缘微发,究竟断此惑习,名杀阿罗汉。如何破和合僧?三宝中之僧乃五蕴和合之身,明了五蕴如幻不实,远离色受想行识五蕴异相和合成身之见,是名破和合僧。如何是恶心出佛身血?不明了五蕴诸法自相、共相悉是自心显现,虚幻不实,妄计有八识身,即有妄想觉知种种境界。觉境界者名为佛,以空、无相、愿三无漏智,断除八识妄觉污染,是名恶心出佛身血。大慧,以上所说是内五无间业,若有作此业者,迅即得自觉圣智,证得一乘道。

"又,大慧,今更为你等说外五无间,令你及诸菩萨闻是义后,于未来世不生疑惑。何谓外五无间呢?即各教中所说之五无间业,若有作此业者,不得三解脱,唯除佛菩萨及大声闻,见其作无间业者,为规劝诱导,令其除疑悔过,以神力变现其事,如阇王杀父,身生恶疾,悔过之后,终得解脱。此等皆是化现,非是实事,若有实造无间业者,则无现身得解脱之事。只有觉了自心所现之根身器界,离我、我所虚妄分别,或者于来世时,他处受生,遇到善知识,使得远离虚妄分别的过错,方能证得解脱。"

其时,世尊重说颂:

贪爱名为母,无明则是父;
断除二根本,此则名为佛。
弃除随眠诸惑,识破五蕴假身;
断除此等诸惑,是名无间之业。

尔时，大慧菩萨摩诃萨复白佛言："世尊，愿为我说诸佛体性。"

佛言："大慧，觉二无我，除二种障[①]，离二种死[②]，断二烦恼，是佛体性。大慧，声闻、缘觉得此法已，亦名为佛，我以是义但说一乘。"

尔时，世尊重说颂言：

善知二无我，除二障二恼，
及不思议死，是故名如来。

尔时，大慧菩萨摩诃萨复白佛言："世尊，如来以何密意，于大乘中唱如是言：'我是过去一切诸佛及说百千本生之事，我于尔时作顶生王、大象、鹦鹉、月光、妙眼，如是等。'"

佛言："大慧，如来应正等觉依四平等秘密意故，于大众中作如是言，我于昔时作拘留孙佛、拘那含牟尼佛、迦叶佛。云何为四？所谓字平等、语平等、身平等、法平等。云何字平等？谓我名佛，一切如来亦名为佛，佛名无别，是谓字等；云何语平等？谓我作六十四种梵音声语，一切如来亦作此语，迦陵频伽梵音声性[③]，不增不减，无有差别，是名语等；云何身平等？谓我与诸佛，法身色相及随形好等无差别，除为调伏种种众生，现随类身，是谓身平等；云何法平等？谓我与诸佛，皆同证得三十七种菩提分法[④]，是谓法等。是故如来应正等觉，于大众中作如是说。"

尔时，世尊重说颂言：

迦叶、拘留孙，拘那含是我，
依四平等故，为诸佛子说。

尔时，大慧菩萨摩诃萨复白佛言："世尊，如世尊说，我于某夜成最正觉，乃至某夜当入涅槃，于其中间不说一字，亦不已说，亦不当说，不说是佛说。世尊，依何密意作如是语？"

佛言："大慧，依二密法故作如是说。云何二法？谓自证法及本住法。云何自证法？谓诸佛所证，我亦同证，不增不减，证智所行，离言说相，离分别相，离名字相。云何本住法？谓法本性如金等在矿，若佛出世，若不出世，法住法位，法界法性皆悉常住。大慧，譬如有人行旷野中，见向古城平坦旧道，即便随入止息游戏。大慧，于汝意云何？彼作是道及以城中种种物耶？"

白言："不也。"

佛言："大慧，我及诸佛所证真如，常住法性亦复如是。是故说言始从成佛，乃至涅槃，于其中间不说一字，亦不已说，亦不当说。"

尔时，世尊重说颂言：

某夜成正觉，某夜般涅槃，
于此二中间，我都无所说。
自证本住法，故作是密语，

我及诸如来，无有少差别。

注释：

①二种障：即“烦恼障”和“所知障”。烦恼障，指以我执为主的诸烦恼，能障碍成就佛果。所知障，指以法执为主的诸惑见，能障碍觉悟。

②二种死：一是“分段生死”，指诸有漏之业，烦恼障所感之三界六道果报，此为一切凡夫之生死；二是“不思议变易生死”，即由诸无漏业，依所知障所感之净土果报，此为阿罗汉以上之圣者之生死。

③迦陵频伽：又作“歌罗频伽”、“迦兰频伽”等，译为“好声”，鸟名。据传这种鸟出自雪山，在壳中即能鸣叫，其号优雅悦耳。

④三十七种菩提分法：亦称“三十七道品”，是达到觉悟，趣向涅槃的三十七种修行方法，具体的可进一步分为“四念处”、“四正勤”、“四神足”、“五根”、“五力”、“七菩提分”、“八正道”。

译文：

其时，大慧菩萨又对佛说：“世尊，请为我等说诸佛体性。”

佛说：“大慧，觉了人、法二无我，断除烦恼、所知二障，离分段、变易二生死，断现行、习气二烦恼，此即为诸佛体性。大慧，声闻、缘觉得此法后，亦得为佛，我以是义，但说一乘。”

其时，世尊重说颂：

善知人、法二无我，断除烦恼、所知障，

迷离分段、变易死，如是则名之曰如来。

其时，大慧菩萨又对佛说："世尊，如来以何密意说言，'过去一切诸佛及百千本生之事，如说过去曾为顶生王、大象、鹦鹉、月光、妙眼仙人等等。'"

佛说："大慧，如来依四平等秘密意，于大众中作如是说，我于过去作拘留孙佛、拘那含牟尼佛、迦叶佛等。何谓四平等？所谓字平等、语平等、身平等、法平等。何谓字平等？谓我名佛，一切如来亦名为佛，佛名无别是为字平等。何谓语平等？谓我作六十四种梵音声语，一切如来亦作此种种声语，迦陵频伽（鸟名）音声不变，是名语平等。何谓身平等？谓我与诸佛法身色相及种种随好无差别，为调伏众生故现种种形相，是名身平等。何谓法平等？谓我与诸佛皆同证得三十七种菩提分法，是名法平等。以上所说四平等义，是故我于大众中作如是说。"

其时，世尊重说颂：

迦叶、拘留孙佛，拘那含佛即是我，
依四平等义，于大众中作如是说。

其时，大慧菩萨又对佛说："世尊，如世尊所说，某夜成正等觉，乃至某夜当入于涅槃，于其中间不说一字，既无已说，亦无当说，也不说为佛说，依何密意作此说法？"

佛说："大慧，依二密意，作此说法。哪二种法？即自证法及本住法。如何是自证法？谓诸佛所证者，亦即我之所证，二者不增不减，自证圣智所行境界，远离言说、分别、名字音相。如何是本住法？谓诸法之本性，如金在矿石之中，本来自有，非外造作加工而有，法之本性亦然，本自有之，非因佛出世说之而有所增，亦不因佛不出世说之，而有所减。大慧，譬如古旧城道，本来已有，不因今人行之始有，大慧，你以为如何？是行者作此城道及城中种种物吗？”

大慧说：“不是的。”

佛说：“大慧，我及诸佛所证真如，常住法性也是这样，所以说言，自始成佛到最终证得涅槃，其间不说一字，既无已说，也无当说。”

其时，世尊重说颂：

> 某夜成正觉，某夜入涅槃，
> 于此之中间，不曾说一字。
> 以自证、本住二种法，作此密意说，
> 我与诸如来，无有少差别。

尔时，大慧菩萨摩诃萨复白佛言：“世尊，愿说一切法有无相，令我及诸菩萨摩诃萨离此相，疾得阿耨多罗三藐三菩提。”

佛言：“谛听，当为汝说。”

大慧言：“唯。”

佛言：“世间众生多堕二见，谓有见、无见。堕二见故，非出出想。

“云何有见？谓实有因缘而生诸法，非不实有，实有诸法从因缘生，非无法生。大慧，如是说者，则说无因。云何无见？谓知受贪嗔痴已，而妄计言无。大慧，及彼分别有相，而不受诸法有，复有知诸如来、声闻、

缘觉，无贪、嗔、痴性而计为非有，此中谁为坏者？”

大慧白言：“谓有贪、嗔、痴性后取于无，名为坏者。”

佛言：“善哉！汝解我问，此人非止无贪、嗔、痴名为坏者，亦坏如来、声闻、缘觉。何以故？烦恼内外不可得故，体性非异非不异故。大慧，贪、嗔、痴性若内若外皆不可得，无体性故，无可取故，声闻、缘觉及以如来本性解脱，无有能缚及缚因故。大慧，若有能缚及以缚因，则有所缚，作如是说名为坏者，是为无有相，我依此义密意而说。宁起我见，如须弥山，不起空见，怀增上慢[①]。若起此见，名为坏者，堕自共见乐欲之中，不了诸法惟心所现，以不了故，见有外法刹那无常展转差别蕴界处相。相续流转起已还灭，虚妄分别，离文字相，亦成坏者。”

尔时，世尊重说颂言：

有无是二边，乃至心所行，
净除彼所行，平等心寂灭。
不取于境界，非灭无所有，
有真如妙物，如诸圣所行。
本无而有生，生已而复灭，
因缘有及无，彼非住我法。
非外道非佛，非我非余众，
能以缘成有，云何而得无？

谁以缘成有，而复得言无？
恶见说为生，妄想计有无。
若知无所生，亦复无所灭，
观世悉空寂，有无二俱离。

尔时，大慧菩萨摩诃萨复请佛言："世尊，惟愿为说宗趣之相，令我及诸菩萨摩诃萨善达此义，不随一切众邪妄解，疾得阿耨多罗三藐三菩提。"

佛言："谛听，当为汝说。"

大慧言："唯。"

佛言："大慧，一切二乘及诸菩萨，有二种宗法相。何等为二？谓宗趣法相，言说法相。宗趣法相者，谓自证殊胜之相，离于文字语言分别，入无漏界，成自地行，超过一切不正思觉，伏魔外道，生智慧光，是名宗趣法相。言说法相者，谓说九部种种教法，离于一异、有无等相，以巧方便随众生心，令入此法，是名言说法相。汝及诸菩萨当勤修学。"

……

注释：

①增上慢：自认为已得增上之法，而起慢心，如未得谓得，未证谓证。

译文：

其时，大慧菩萨又对佛说："世尊，请为我等说一切法有无之相，令我及诸大菩萨知有无二见是虚妄故，疾速证得正等正觉。"

佛说："好好听着，我当为你说。"

大慧说："是的。"

佛说："大慧，世间众生多堕落于二见之中，即有见、无见。因堕于二见故，出离解脱之想则非实际。

"何谓有见？谓实有因缘而生诸法，因之与缘并非不真实的；谓实有诸法从因缘生，并非无法从因缘生。大慧，这样说者，不了万法唯心所现。如何是无见？谓先计贪嗔痴诸法为有，后灭之为无，此即为无见。大慧，如若有人这样说'无有诸法，以不见诸物故'；又有人见如来、声闻、缘觉等无贪、嗔、痴之性，故执无见，此二种人，谁者为违背佛法？"

大慧说："那种先妄计贪、嗔、痴性为有，后又计无者，是破坏佛法者。"

佛说："善哉！善哉！你很理解我的提问。此人不但先妄执贪、嗔、痴为有，后又计无者，是违背、破坏佛法，也坏三乘圣人。为什么这么说呢？因为烦恼无性、无体，内外不可得，非异非不异，不可取著；声闻、缘觉、如来三乘本性解脱，无能缚及缚因，若有能缚及其缚因烦恼，则有所缚之众生，这种说法，显然是违背佛法的，先取烦恼为有，俊灭之为无者，则是破有为无相，依于此义，我作此说：宁可起我见如须弥山，不起空见怀增上慢。若起空见，则是破坏佛法，因其堕入有无、自共相见解之中，不能了知诸法唯心所现。因不能了知诸法唯心所现，见有外法刹那生灭，无常展转，成差别蕴界处诸法相，相续流转，起后还灭，虚妄分别，离名字法，如此则是违背、破坏佛法。”

其时，世尊重说颂：

有无是二边，乃至心、心所行，
净除此分别见，则得平等寂灭心。
知贪爱诸境界，非是灭后方无，
万法悉是真如，此圣贤之境界。
本无而后生，生后还复灭，
因缘生灭有无，此均不住如来实相界。
法非佛生，亦非外道诸作者生，
既从妄缘生起，本无何须更无之？
谁以五蕴生之，既无何得破有为无？
外道说有生法，妄想计有无。
若知无所生，亦复无所灭，
诸法悉空寂，有无之见二俱离。

其时，大慧菩萨又对佛说：“世尊，请为我等说佛法宗趣之相，令我及诸大菩萨通达此义，不堕一切邪妄之见，速得无上正等正觉。”

佛说：“好好听着，我当为你等解说。”

大慧说：“是的。”

佛说：“大慧，一切二乘及诸菩萨，有二种宗法相。哪二种呢？亦即宗趣法相与言说法相。宗趣法相者，谓自觉圣智所证实法，远离文字虚妄分别，入真法界，成就如来自觉地行，超

诸世间妄想惑见，制伏邪魔外道，生智慧光，此是名宗趣法相。言说法相者，谓说九部种种教法，离于一异、有无等分别相，方便善巧随顺众生，令人于此法门中而得解脱，是名言说法相。你及诸大菩萨应当勤加修学。”

……

尔时，大慧菩萨摩诃萨复白佛言：“世尊，愿为我说虚妄分别相，此虚妄分别，云何而生？是何而生？因何而生？谁之所生？何故名为虚妄分别？”

佛言：“大慧，善哉！善哉！汝为哀愍世间天人而问此义，多所利益，多所安乐，谛听，谛听，善思念之，当为汝说。”

大慧言：“唯。”

佛言：“大慧，一切众生于种种境不能了达自心所现，计能、所取，虚妄执著，起诸分别，堕有、无见，增长外道妄见习气，心、心所法，相应起时，执有外义种种可得，计著于我及以我所，是故名为虚妄分别。”

大慧白言：“若如是者，外种种义，性离有、无，起诸见相，世尊第一义谛亦复如是，离诸根量宗因譬喻。世尊何故于种种义言起分别？第一义中不言起耶？将无世尊所言乖理？一处言起，一不言故。世尊又说虚妄分别，堕有、无见，譬如幻事，种种非实，分别亦尔，有无相离，云何而说堕二见耶？此说岂不堕于世见？”

佛言:“大慧,分别不生不灭,何以故?不起有无分别相故,所见外法皆无有故,了唯自心之所现故,但以愚夫分别自心种种诸法,著种种相,而作是说,令知所见皆是自心,断我、我所一切见著,离作、所作诸恶因缘,觉唯心故,转其意乐,善明诸地,入佛境界,舍五法自性诸分别见,是故我说虚妄分别、执著种种自心所现,诸境界生,如实了知,则得解脱。”

……

尔时,大慧菩萨摩诃萨复白佛言:“世尊,如来说言,如我所说,汝及诸菩萨不应依语而取其义。世尊,何故不应依语取义?云何为语?云何为义?”

佛言:“谛听,当为汝说。”

大慧言:“唯。”

佛言:“大慧,语者所谓分别习气而为其因,依于喉舌唇腭齿辅而出种种音声文字,相对谈说,是名为语。云何为义?菩萨摩诃萨住独一静处,以闻思修慧思惟观察,向涅槃道自智境界转诸习气,行于诸地种种行相,是名为义。复次,大慧,菩萨摩诃萨善于语、义,知语与义不一不异;义之与语,亦复如是。若义异语,则不应因语而显于义,而因语见义,如灯照色。大慧,譬如有人持灯照物,知此物如是在如是处。菩萨摩诃萨亦复如是,因语言灯入离言说自证境界。复次,大慧,若有于不生不灭自性涅槃三乘一乘五法诸心自性

等中，如言取义，即堕建立及诽谤见，以异于彼起分别故，如见幻事计以为实，是愚夫见，非贤圣也。”

尔时，世尊重说颂言：

若随言取义，建立于诸法；
以彼建立故，死堕地狱中。
蕴中无有我，非蕴即是我；
不如彼分别，亦复非无有。
如愚所分别，一切皆有性；
若如彼所见，皆应见真实。
一切染净法，悉皆无体性；
不如彼所见，亦非无所有。

译文：

其时，大慧菩萨又对佛说：“世尊，请为我等讲说虚妄分别之相，此虚妄分别相是如何生的？是什么所生？是为什么而生的？是谁所生？为何名为虚妄分别？”

佛说：“大慧，你为哀愍世间天人，而作此问，问得好！好好听着，认真思考，我当为你解说。”

大慧说：“是的，世尊。”

佛言：“大慧，一切众生不能了达外种种境，乃是自心虚妄分别所现，计著能取、所取，起各种分别，堕有、无之见，增长外道妄见习气，心、心所法，相应而起，执著外道、世俗种种实我实法，所以称为虚妄分别。”

大慧对佛说：“如果是这样，外道、世俗种种执著，于离有、无之性，起各种境相，那么，世尊，第一义谛也是这样，离妄想诸根、三种量及五分论等，世尊何故于外道、世俗种种义言起分别？而于第一义中却不言起分别呢？大概不至于世尊所说的违背道理吧？不然为什么一处言起，一不言起？世尊又说外道、世俗之虚妄分别，是堕有、无之见，如幻非实，分别世俗之见与第一义谛也是一样，有无相离，世尊怎么也于此生二边分别见呢？此说岂不堕于世间颠倒见吗？”

佛说：“大慧，我不是说世俗法生妄想分别，第一义灭妄想分别，为什么这么说呢？因为不应起于有、无分别，一切所见外法皆幻有实无，都是自心之所显现，只因愚痴凡夫虚妄分别自心，执著种种外境外法，所以才那么说，目的是使他了达一切外境外法皆是自心所现，断除我、我所及其他一切执著，弃除作者及所作法等恶因缘，觉了一切诸法唯是自心，转心、意、识，明解诸地，入如来境，舍离五法、三自性等分别见，所以我说虚妄分别相及种种执著乃是自心所现，如能如实了知其义，则可以得到解脱。”

……

其后，大慧菩萨又对佛说：“世尊，如来说言，如我所说你及诸菩萨不应依语取义，世尊，何故不应依语取义？何谓语？何谓义？”

佛说：“好好听着，我当为你解说。”

大慧说：“好的。”

佛说：“所谓语者，乃是以妄想习气为因，以喉舌唇腭齿为缘，而发出种种声音、文字，相对谈说，是名为语。所谓义者，大

菩萨静处独居，恒审思虑，思维观察，见人、法二空，趣向如来自证圣智境界，转诸习气恶见，在在处处修行胜相，至如来所证实法，是名为义。又，大菩萨应善知语、义，知其不一不异。若义异于语者，二者不相应，则语不应显义，但实际上语是显义的，如灯之照物。譬如有人持灯照物，后知此物是这样的，在这个地方，大菩萨也应这样看待语、义关系，因语言灯而入于义。但义非语，故不得言一。因此，大菩萨应因语入于离语言之自证境界。又，大慧，若有人于不生不灭等染净诸法，如言取义，计言说与义一者，是名建立；若认言语与义异者，是名诽谤，因其于彼起分别故，譬如所见种种幻事，此是愚夫见，非圣贤见。"

其时，世尊重说颂：

若随言取义，虚妄建立诸法；
因为计有实法，不免堕于地狱。
五蕴中无我，亦非五蕴即是我；
非如妄建立，亦非无所无。
若像愚夫之妄分别，一切语义皆有实性；
凡夫之所见，即为见真实。
一切染净诸法，皆悉无自性；
不像凡夫之所见，真实义不涉有无。

"复次，大慧，我当为汝说智识相，汝及诸菩萨摩诃萨，若善了知智识之相，则能疾得阿褥多罗三藐三菩提。大慧，智有三种，谓世间智、出世间智、出世间上上智。云何世间智？谓一切外道凡愚计有、无法。

云何出世间智？谓一切二乘著自、共相。云何出世间上上智？谓诸佛菩萨观一切法皆无有相，不生不灭，非有非无，证法无我，入如来地。

“大慧，复有三种智。谓知自相、共相智，知生灭智，知不生不灭智。复次，大慧，生灭是识，不生灭是智；堕相、无相及以有、无种种相因是识，离相、无相及有、无因是智；有积集相是识，无积集相是智；著境界相是识，不著境界相是智；三和合相应生是识，无碍相应自性相是智；有得相是识，无得相是智。证自圣智所行境界，如水中月，不入不出故。

……

“复次，大慧，诸外道有九种转变见。所谓形转变、相转变、因转变、相应转变、见转变、生转变，物转变、缘明了转变、所作明了转变，是为九。一切外道因是见故，起有无转变论。此中形转变者，谓形别异见，譬如以金作庄严具，环钏璎珞种种不同，形状有殊，金体无易，一切法变亦复如是。诸余外道种种计著，皆非如是，亦非别异，但分别故，一切转变，如是应知，譬如乳酪酒果等熟，外道言此皆有转变，而实无有。若有若无，自心所见，无外物故。如此皆是愚迷凡夫，从自分别习气而起，实无一法若生若灭，如因幻梦所见诸色，如石女儿说有生死。”

尔时，世尊重说颂言：

形处时转变，大种及诸根；
中有渐次生，妄想非明智。
诸佛不分别，缘起及世间；
但诸缘世间，如乾闼婆城。

译文：

“此外，大慧，我当为你说智慧相，你及诸大菩萨，若善了知智慧之相，则能速得无上正等正觉。大慧，智慧有三种，即世间智、出世间智、出世间上上智。何谓世间智？谓一切外道、凡愚计有计无，此是外道凡夫世间情见之智。何谓出世间智？如一切二乘人，计著五蕴、十二处、十八界一切诸法自相、共相，不达法空，行断生死，希求涅槃，此是求出世解脱之智慧。何谓出世间上上智？谓诸佛菩萨观一切法皆无有相，不生不灭，非有非无，证得人、法二空，入如来地，此即是出世间上上智。

“大慧，还有三种智，谓知诸法自相、共相之智慧，知诸法生灭之智慧，知诸法不生不灭之智慧。又，大慧，言生灭堕有相无相、有因无因，此是识非智；达不生不灭，离有相无相、有因无因，这才是智；积集种子起现行相是识，无积集种子起现行相是智；执著境界相是识，不执著境界相是智；三事和合相应而生是识，不借缘生，不因境起，无碍相应，性自神解是智；有所得相是识，无所得相是智。证自圣智所行境界者，觉诸境界悉皆无实，如镜中花、水中月，无出无入。

……

“此外，大慧，诸外道有九种转变见，所谓形转变、相转变、因转变、相应转变、见转变、生转变、物转变、缘明了转变、所作明了转变，此等是为九转变。一切外道依据这种见解，执有与无相互转变等种种说法。此中形转变者，因物体形相各别，譬如以金作各种物品、器具，环钏璎珞各不相同，形状各异，金之体性不变，一切法之转变也是这样。外道所说之种种转变，皆非一，亦非异，均只是妄想分别而已，一切诸法之转变，都应该这样去认识。譬如乳酪酒果之互相转变等，外道说此均有所变异，而实无有，若有若无一切诸法，都是自性之虚妄显现而已，并无真实之外物存在。认各种法为实有，有各种转变，此乃是愚迷凡夫，因妄想习气而起分别，实无有一法生，无有一法灭，就如梦幻所见各种色相，又如石女之生儿，本无有法，何得论于生灭转变？”

其时，世尊重说颂：

外道说四大造色，诸根生法及形相之种种转变；

二乘人计有中阴渐续生阴，此悉是妄想而非明智之见。

诸佛菩萨于缘起诸法及器间，不妄加分别；

一切世间从缘起者，如乾闼婆城幻而不实。

尔时，大慧菩萨摩诃萨复白佛言：“惟愿如来为我解说于一切法深密义及解义相，令我及诸菩萨摩诃萨善知此法，不堕如言取义，深密执著，离文字语言虚妄分别，普入一切诸佛国土，力通自在，总持所印，觉慧善住，十无尽愿，以无功用种种变现，光明照耀如日月

摩尼，地、水、火、风住于诸地，离分别见，知一切法如幻如梦，入如来位，普化众生，令知诸法虚妄不实，离有、无品，断生、灭执，不著言说，令转所依。”

佛言：“谛听，当为汝说。大慧，于一切法如言取义，执著深密，其数无量。所谓相执著、缘执著、有非有执著、生非生执著、灭非灭执著、乘非乘执著、为无为执著、地地自相执著、自分别现证执著、外道宗有无品执著，三乘一乘执著。大慧，此等密执有无量种，皆是凡愚自分别执而密执著。此诸分别如蚕作茧，以妄想丝自缠、缠他，执著有、无，欲乐坚密。大慧，此中实无密、非密相，以菩萨摩诃萨见一切法住寂静故，无分别故，若了诸法唯心所见，无有外物皆同无相，随顺观察于若有若无分别密执，悉见寂静，是故无有密、非密相。大慧，此中无缚亦无有解，不了实者见缚解耳。何以故？一切诸法若有若无，求其体性不可得故。

“复次，大慧，愚痴凡夫有三种密缚，谓贪恚痴及爱来生与贪喜俱。以此密缚令诸众生续生五趣[①]。密缚若断，是则无有密、非密相。复次，大慧，若有执著三和合缘，诸识密缚次第而起。有执著故，则有密缚。若见三解脱，离三和合识，一切诸密皆悉不生。”

尔时，世尊重说颂言：

不实妄分别，是名为密相；
若能如实知，诸密网皆断。

凡愚不能了，随言而取义；

譬如蚕处茧，妄想自缠缚。

尔时，大慧菩萨摩诃萨复白佛言：“世尊，如世尊说，由种种心，分别诸法，非诸法有自性，此但妄计耳。世尊，若但妄计，无诸法者，染净诸法将无悉坏。”

佛言：“大慧，如是如是，如汝所说，一切凡愚分别诸法，而诸法性非如是有，此但妄执，无有性相，然诸圣者，以圣慧眼，见有诸法性。”

大慧白言：“若诸圣人以圣慧眼，见有诸法性，非天眼、肉眼，不同凡愚之所分别，云何凡愚得离分别？不能觉了诸圣法故。世尊，彼非颠倒非不颠倒。何以故？不见圣人所见法故，圣见远离有、无相故，圣亦不如凡所分别如是得故，非自所行境界相故，彼亦见有诸法性相如妄执性而显现故，不说有因及无因故，堕于诸法性相见故。世尊，其余境界既不同此，如是则成无穷之失，孰能于法了知性相？世尊，诸法性相不因分别，云何而言以分别故而有诸法？世尊，分别相异，诸法相异，因不相似，云何诸法而由分别？复以何故凡愚分别不如是有，而作是言，为令众生舍分别故，说如分别所见法相无如是法。世尊，何故令诸众生离有，无见所执著法，而复执著圣智境界，堕于有见？何以故？不说寂静空无之法，而说圣智自性事故？”

佛言：“大慧，我非不说寂静空法，堕于有见。何以

故？已说圣智自性事故，我为众生无始时来计著于有，于寂静法以圣事说，令其闻已，不生恐怖，能如实证寂静空法，离惑乱相入唯识理，知其所见无有外法，悟三脱门[②]，获如实印，见法自性，了圣境界，远离有、无一切诸著。

“复次，大慧，菩萨摩诃萨不应成立一切诸法皆悉不生。何以故？一切法本无有故，及彼宗因生相故。复次，大慧，一切法不生，此言自坏，何以故？彼宗有待而生故。又彼宗即入一切法中不生，相亦不生故。又彼宗诸分而成故。又彼宗有，无法皆不生，此宗即入一切法中有、无相亦不生故，是故一切法不生，此宗自坏，不应如是立诸分多过故，展转因异相故，如不生，一切法空无自性亦如是。

“大慧，菩萨摩诃萨应说一切法如幻如梦，见、不见故，一切皆是惑乱相故，除为愚夫而生恐怖。大慧，凡夫愚痴堕有无见，莫令于彼而生惊恐，远离大乘。

……

“复次，大慧，愚痴凡夫无始虚伪恶邪分别之所幻惑，不了如实及言说法，计心外相著方便说，不能修习清净真实离四句法。”

大慧白言：“如是如是，诚如尊教。愿为我说如实之法及言说法，令我及诸菩萨摩诃萨于此二法而得善巧，非外道二乘之所能入。”

佛言："谛听，当为汝说。大慧，三世如来有二种法，谓言说法及如实法。言说法者，谓随众生心为说种种诸方便教；如实法者，谓修行者于心所现，离诸分别不堕一异、俱不俱品，超度一切心、意、意识，于自觉圣智所行境界，离诸因缘相应见相，一切外道、声闻、缘觉，堕二边者，所不能知，是名如实法。此二种法，汝及诸菩萨摩诃萨当善修学。"

尔时，世尊重说颂言：

我说二种法，言教及如实；
教法示凡夫，实为修行者。

注释：

①五趣：亦称"五道"，即一地狱，二饿鬼，三畜生，四人，五天。

②三脱门：即"三解脱门"，"三涅槃门"之异名，所谓空、无相、无作是也。

译文：

其时，大慧菩萨又对佛说："请如来为我等解说一切法深密义及解义相，令我及诸大菩萨善知此法，不堕依言取义之执著，离文字语言虚妄分别，入于一切诸佛国土，神通自在，觉慧善住，种种变化，光明照耀，譬如四大日月摩尼，自然而行，住于诸地，离种种分别见，善知一切诸法如梦如幻，入如来位，普化

群生，令知诸法虚妄不实，离有无之见，断生灭之执，不执著言说，转生胜处。”

佛说：“好好听着，我当为你解说。大慧，于一切法如言取义，种种执著，所谓相执著、缘执著、有非有执著、生非生执著、灭非灭执著、乘非乘执著、为无为执著、地地自相执著、自分别现证执著、外道宗有无品执著、三乘一乘执著。大慧，此种种执著，皆是凡愚众生，自妄想执著，如蚕作丝，而自缠缚，以此执著转教他人，则是缚他。大慧，此中实无密、非密相（密相即相续相），若有者，诸大菩萨则不能见诸法寂静无分别，若了达诸法唯心所现，实无外物，皆同无相，随顺观察，则能于有、无一切诸法悉见寂静。所以无有密缚、非密缚相，不但本无缚相，亦无有解，不见诸法实义的人，只是妄见缚与解而已，因为一切诸法若有若无，求其体性，均不可得。

“此外，大慧，愚痴凡夫有三种密缚，即贪嗔痴、爱来生富乐果报以及贪喜俱行。因有这三种密缚，使得诸众生于五趣生死轮回，相续不断。密缚若断，则无有密、非密相。又，大慧，若有执著根、境、识缘和合生起诸法，诸识密缚则次第生起。因有执著，则有密缚，若离三和（根、境、识）合识，得三解脱门（空、无相、无作），则一切密缚皆悉不生。”

其时，世尊重说颂道：

本无实法妄作分别，是名为密缚；
若知诸法本幻，诸密缚尽皆断除。
凡愚不能了知诸法实相，随言而取义；
譬如蚕吐丝，作茧以自缚。

其时，大慧菩萨又对佛说："如果像世尊所说的，由于自心虚妄分别种种诸法、非诸法本有自性，但是愚夫妄计执著而已，那岂不是既无众生杂染烦恼，也无圣人清净涅槃？"

佛说："正是这样，正是这样。正如你刚才所说的，凡愚众生所虚妄计著的一切诸法，实本无其自性，只是众生虚妄执著而已，但诸圣人以圣慧眼，能知见诸法之真实性相。"

大慧说："如果诸圣人以圣慧眼能见诸法真实性相，非天眼、肉眼所能知见，不同于凡人之虚妄分别之见，那么，诸凡夫如何依真实性相，以舍妄归真？世尊，因为诸凡夫不见诸法真实性相，而真实性相离于有无，所以无所谓颠倒不颠倒；圣人之见非如凡夫虚妄分别，然其见有真实性相，又不说真实性相是因缘非因缘，因此也是有所得，所以与凡夫之妄计性没有什么差别；若说三界凡夫不同圣界，或说圣界不同三界凡夫，这都将导致无穷之过失，若是如此，谁能了知诸法之真实性相？世尊，诸法性相自有，非由虚妄分别而有，为何世尊说诸法是虚妄分别而有呢？又，是何道理说凡、愚分别诸法，而诸法非如是有？再者，因何而说为令众生舍离分别，而说分别所见法相，无如是实法？世尊何故令众生离有无见，而又执著圣智境界，堕于有见，为何不说空如来藏，非心行处寂灭之法，而说圣智所行真实自性事？"

佛说："我非不说空如来藏寂静之法，堕于有见，为什么这么说呢？我说圣智所行真实自性相，并不与真空自性相违背，只为人生无始世来，计著有、无，于如实空法以如实不空圣智事说之，使众生听后，不生断常之怖畏，也能如所证实法，离迷惑妄

想，入唯识真实性，知其所见并非别法，悟空、无相及无作三解脱门，得如实法性，了圣人境界，远离有、无一切执著。

“此外，大慧，大菩萨不应立一切诸法皆悉不生，因为一切法本来无有，彼宗因生相也悉本来无有。大慧，若说一切法不生，则自坏不生之义，为什么这么说呢？因其所谓“生”，乃是有待而生的意思，若以此生义言不生，即是自坏不生义。又，所谓一切法不生者，此中包括世出世、常无常、生不生等，若言一切法不生，则此不生相自身也不生也；又，彼不生宗须借助于因、喻、合、结五分而成，故不能成立；又，彼不生宗，于有无法中皆不能建立，此宗即入一切法数中，因为有、无性相本来亦不生，既然如此，何处能立不生宗？所以，若立一切法不生宗，即是自坏不生义。因此，不应如此立宗，不应以五分论立宗，如此立宗有诸多过失，因为因之体性本来不生，于此之上更立不生宗，乃是展转为因，诸因异相，所以一切法体其性本来不生。不生既然是这样，所以一切法空无自性不应立宗。

“大慧，大菩萨应当说一切法如幻如梦，因为一切法体性皆离于有、无，一切法皆是迷惑妄想的产物，若说生与不生，愚痴凡夫则多堕于有无之见，而生惊怖，故不应立不生宗，以使愚夫免生惊怖，而远离大乘。

……

“此外，大慧，愚痴凡夫为无始虚伪所熏，恶习邪见之所迷惑，不能了知如实及言说法，计著心外境相，执著方便之说，不能修习清净真实离四句法。”

大慧说：“正是这样，正是这样，正如世尊之所教诲。请为我等说如实之法及言说法，使我及诸大菩萨于此二法而得善巧，非外道及二乘之所能入。”

佛说：“好好听着，我当为你解说。大慧，过去、现在、未来三世诸佛，有二种法，即言说法和如实法。言说法者，即为随顺众生根机而说种种方便教；如实法者，谓诸修行者，了达诸法唯心所现，离诸分别，不堕一异、俱不俱等分别执著。超越一切心识，于自觉圣智所证境界，离诸因缘及能、所取等各种相应见相，一切外道、声闻、缘觉所不能知者，此即是如实法。此二种法，你及诸大菩萨应当勤加修学。”

其时，世尊重说颂：

我说二种法，言说法与如实法；

言说法开示凡夫，如实法为修行者所奉持。

尔时，大慧菩萨摩诃萨复白佛言：“世尊，如来一时说卢迦耶陀咒术词论[①]，但能摄取世间财利，不得法利，不应亲近承事供养。世尊何故作如是说？”

佛言：“大慧，卢迦耶陀所有词论，但饰文句，诳惑凡愚，随顺世间虚妄言说，不如于义，不称于理，不能证入真实境界，不能觉了一切诸法，恒堕二边，自失正道；亦令他失轮回诸趣，永不出离。何以故？不了诸法唯心所见，执著外境增分别故。是故我说世论文句因喻庄严但诳愚夫，不能解脱生老病死忧悲等患。

“大慧，释提桓因广解众论[②]，自造诸论，彼世论者，有一弟子，现作龙身诣释天宫，而立论宗作是要言，

憍尸迦，我共汝论，汝若不如，我当破汝千辐轮，我若不如，断一一头，以谢所屈。说是语已，即以论法摧伏帝释，坏千辐轮，还来人间。大慧，世间言论因喻庄严，乃至能现龙形，以妙文词迷惑诸天及阿修罗③，令其执著生、灭等见，而况于人？是故，大慧，不应亲近承事供养，以彼能作生苦因故。

“大慧，世论唯说身觉境界，大慧，彼世论有百千字句，后末世中恶见乖离，邪众崩散，分成多部，各执自因。大慧，非余外道能立教法，唯卢迦耶以百千句，广说无量差别因相，非如实理，亦不自知是惑世法。”

尔时，大慧白言：“世尊，若卢迦耶所造之论，种种文字因喻庄严，执著自宗非如实法，名外道者；世尊亦说世间之事，谓以种种文句言词广说十方一切国土、天人等众，而来集会，非是自智所证之法，世尊亦同外道说耶？”

佛言：“大慧，我非世说亦无来去，我说诸法不来不去。大慧，来者集生，去者坏灭，不来不去，此则名为不生不灭。大慧，我之所说，不同外道堕分别中，何以故？外法有、无，无所著故，了唯自心不见二取，不行相境，不生分别，入空、无相、无愿之门而得解脱故。

“大慧，我忆有时于一处住，有世论婆罗门来至我所，遽问我言：‘瞿昙④，一切是所作耶？’我时报言：‘婆罗门一切所作，是初世论。’又问我言：‘一切非所

作耶？’我时报言：‘一切非所作，是第二世论。’彼复问言：‘一切常耶？一切无常耶？一切生耶？一切不生耶？’我时报言：‘是第六世论。’彼复问言：‘一切一耶？一切异耶？一切俱耶？一切不俱耶？一切皆由种种因缘而受生耶？’我时报言：‘是第十一世论。’彼复问言：‘一切有记耶？一切无记耶？有我耶？无我耶？有此世耶？无此世耶？有他世耶？无他世耶？有解脱耶？无解脱耶？是刹那耶？非刹那耶？虚空、涅槃及非择灭是所作耶⑤？非所作耶？有中有耶？无中有耶？’

“我时报言：‘婆罗门，如是皆是汝之世论，非我所说。婆罗门，我说因于无始戏论诸恶习气而生三有，不了唯是自心所见，而取外法，实无可得，如外道说，我及根、境三合生，我不如是。我不说因，不说无因，唯依妄心，似能所取，而说缘起，非汝及余取著我者之所能测。’大慧，虚空、涅槃及非择灭，但有三数本无体性，何况而说作与非作？大慧，尔时，世论婆罗门复问我言：‘无明爱业为因缘，故有三有耶？为无因耶？’我言：‘此二亦是世论。’又问我言：‘一切诸法皆入自相及共相耶？’我时报言：‘此亦世论，婆罗门，乃至少有心识流动分别外境，皆是世论。’

“大慧，尔时彼婆罗门复问我言：‘颇有非是世论者不？一切外道所有词论，种种文句因喻庄严，莫不皆从我法中出？’我报言：‘有，非汝所许，非世不许，非

不说种种文句义理相应、非不相应。’彼复问言：‘岂有世许非世论耶？’我答言：‘有，但非于汝及以一切外道能知，何以故？以于外法虚妄分别生执著故，若能了达有、无等法，一切皆是自心所见，不生分别，不取外境，于自处住，自处住者是不起义，不起于何，不起分别。此是我法，非汝有也。’婆罗门，略而言之：随何处中心识往来死生求恋？若受、若见、若触、若住，取种种相，和合相续，于爱、于因而生计著，皆汝世论非是我法。

“大慧，世论婆罗门作如是问，我如是答，不问于我自宗实法，默然而去，作是念言：沙门瞿昙，无可尊重，说一切法无生、无相、无因、无缘，唯是自心分别所见，若能了此分别不生。大慧，汝今亦复问我是义，何故亲近诸世论者，唯得财利，不得法利？”

大慧白言：“所言财法，是何等义？”

佛言：“善哉！汝乃能为未来众生思惟是义，谛听谛听，当为汝说。大慧，所言财者，可触、可受、可取、可味，令著外境，堕在二边，增长贪爱生老病死、忧悲苦恼，我及诸佛说名财利，亲近世论之所获得。云何法利？谓了法是心，见二无我，不取于相，无有分别，善知诸地，离心、意、识，一切诸佛，所共灌顶，具足受行，十无尽愿，于一切法悉得自在，是名法利。以是不堕一切诸见、戏论、分别、常断二边。大慧，外道世论令诸痴人堕在二边，谓常及断，受无因论，则起常见，以因坏灭，则生断见，我说不见生住灭者，名得法利。是名财，法二差别相，汝及诸菩萨摩诃萨应勤观察。”

……

尔时，大慧菩萨摩诃萨复白佛言：“世尊，佛说涅槃，说何等法以为涅槃，而诸外道种种分别？”

佛言：“大慧，如诸外道分别涅槃，皆不随顺涅槃之相，谛听谛听，当为汝说。大慧，或有外道言，见法无常，不贪境界，蕴界处灭，心、心所法不现在前，不念过、现、未来境界，如灯尽，如种败，如火灭。诸取不起，分别不生，起涅槃想。

“大慧，非以见坏名为涅槃；或谓至方名得涅槃，境界想离犹如风止；或谓不见能觉、所觉名为涅槃；或谓不起分别常、无常见名得涅槃。或有说言分别诸相发生于苦，而不能知自心所现，以不知故怖畏于相，以求无相，深生爱乐执为涅槃；或谓觉知内外诸法自相共相、去来现在有性不坏，作涅槃想。

“或计我、人、众生，寿命及一切法无有坏灭，作涅槃想；复有外道，无有智慧，计有自性及以士夫求那转变作一切物以为涅槃；或有外道计福非福尽，或计不由智慧诸烦恼尽，或计自在是实作者以为涅槃；或谓众生展转相生，以此为因，更无异因，彼无智故不能觉了，以不了故执为涅槃；或计证于谛道虚妄分别以为涅槃；或计求那与求那者而共和合一性异性，俱及不

俱执为涅槃；或计诸物从自然生，孔雀文彩棘针铦利，生宝之处出种种宝，如此等事是谁能作，即执自然以为涅槃。

“或谓能解二十五谛即得涅槃；或有说言能受六分，守护众生斯得涅槃；或有说言时生世间，时即涅槃；或执有物以为涅槃：或计无物以为涅槃；或有计著有物、无物为涅槃者；或计诸物与涅槃无别作涅槃想。

“大慧，复有异彼外道所说，以一切智大师子吼说，能了达唯心所现，不取外境，远离四句，住如实见，不堕二边，离能、所取，不入诸量，不著真实，住于圣智所现证法，悟二无我，离二烦恼，净二种障，转修诸地入于佛地，得如幻等诸大三昧，永超心、意及以意识，名得涅槃。

“大慧，彼诸外道虚妄计度，不如于理，智者所弃，皆堕二边，作涅槃想，于此无有，若住若出。彼诸外道皆依自宗而生妄觉，违背于理，无所成就，唯令心意驰散往来，一切无有得涅槃者，汝及诸菩萨宜应远离。”

注释：

①卢迦耶陀：又作“路迦耶底迦”、“路迦耶”等，译为“顺世”，外道之一种，又称“世论”。

②释提桓因：又作“释迦提婆因提”、“释迦因陀罗”等，帝释之异名，是位于须弥山顶之忉利天之主。为人时好布施，对乞于路旁之沙门、婆罗门常施予饮食、钱财等。

③阿修罗：又作“阿须罗”、“阿素罗”、“阿苏罗”等，意译为“非天”、亦即其果报似天而非天，是“天龙八部众”之一。

④瞿昙(qú tán)：“乔达摩”之旧称，亦称“释迦”、“甘蔗”、“日种”、“舍夷”，佛之姓也。

⑤非择灭：又称“非数灭”，佛教三无为法之一，意为非由智慧的拣择显示的寂灭。

译文：

其时，大慧菩萨又对佛说：“世尊，如来往昔曾说过，卢迦耶陀咒术词论，只能摄取世间财利，不能获得法利，不应亲近承事供养。世尊，何故作这种说法呢？”

佛说：“大慧，卢迦耶陀所有词论，只是修饰文句，迷惑凡愚，随顺世间种种虚妄言说，既不如义，又不称理，不能证入真实境界，不能觉了一切诸法但是妄见，常堕二边，自失正道，并令他人也离于正道，轮回于诸恶趣之中，不得出离。为什么呢？因为不明了一切诸法但是妄心所现，执著外境，更增虚妄分别之见，所以我说世论文句，虽因喻庄严，只是欺诳愚痴凡夫，不能解脱众生生、老、病、死及烦恼、忧悲。

“大慧，忉利天主释提桓因因广解众论，当时有一世论者的一个弟子现作龙身，去到帝释天宫，立一论宗并且说：侨尸迦(帝释之另称)，我来与你辩论，你若辩不过我，我即毁掉你的千辐轮车，我若辩不过你，即以头相谢。说过这话之后，即以论法摧伏帝释，帝释当即于天中毁掉千辐轮车，并来到人间。大慧，世间言论因喻庄严，以文词惑众，帝释天尚且如此，何况人

呢？因此，不应亲近承事供养，因它能作一切生死苦因。

“大慧，世论只说此身见闻觉知虚妄境界，其百千字句，后末之世分崩离析，分成多部，其源盖出于卢迦耶陀广说无量差别因相，悖于实理，又不自知是惑世法。”

其时，大慧说：“世尊，若卢迦耶陀所造之论，种种文字，因喻庄严，执著自宗之见，非如实之法，如果这则称为外道者，那么世尊亦说世间之事，也以种种文词广为宣说，十方国土，一切天人，都来集会听佛说法，此亦非自智所证之法，如此说来，世尊所说岂不同于外道之法吗？”

佛说：“大慧，我不说世论生灭法，我说诸法不来不去。大慧，所谓来者，亦即集生之义；所谓去者，亦即坏灭之义，不来不去，亦即不生不灭。大慧，我之所说不同外道堕妄想分别之中，因为我法远离外道所执之有、无之见，了达诸法唯自心之显现，无能取、所取，不生境相分别，入空、无相、无愿之门而得解脱。

“大慧，我回想起以前住于某处时，曾有一世论婆罗门来到我的住所，问我道：‘瞿昙（亦即释迦），一切诸法是所作吗？’我当时回答说：‘认为一切诸法是所作，这是初世论。’那婆罗门又问道：‘一切诸法是非所作吗？’我回答道：‘一切非所作是二世论。’他又问道：‘一切是常呢，还是一切是无常？一切法生呢，还是不生？’我回答道：‘说一切法常无常、生不生此是第六世论。’他又问道：‘一切是一呢，还是异？一切俱呢，还是不俱？一切皆由种种因缘而受生吗？’我回答道：‘此是第十一世论。’他又问道：‘一切有记呢，还是无记？有我呢，还是无我？有此世呢，还是无此世？有解脱呢，还是无解脱？一切法是刹

那生、刹那灭呢，还是非刹那生、刹那灭？虚空、涅槃及非择灭，是所作呢，还是非所作？有中阴呢，还是无中阴？'

"我当时回答道：'婆罗门，这些都是世论，非我所说，婆罗门，我说由于无始戏论、诸恶习气而生于三界，不能了达万法唯心而取著外法，而实无外法可得。'外道说我及根、境三和合生，我不这样说。我不说因，不说无因，唯依妄念而起能、所分别，假施缘起，本无实体，这些非你等取著于我者之所能知。大慧，虚空、涅槃及非择灭此三无为法，但有三名称，本无体性，如何谈说作与非作呢？大慧，其时婆罗门又问道：'无明、爱、业为因缘故有三界流转呢，还是本无因缘？'我回答道：'此二种说法也是世论。'他又问道：'一切诸法皆入自相、共相吗？'我回答道：'此亦是世论，婆罗门，只要稍有心识流动，分别外境，都是世论。'

"大慧，其时那婆罗门又问我道：'一切外道所有词论，种种文句，因喻庄严，莫不皆从我法中出，此外，还有非世论法吗？'我回答道：'有的。但此种法与你之世论法不同，但为世人所接受。并不是说除世论法外，就没有种种文句。这种法也不是不依义说，但非如世论建立法。'他又问道：'岂有为世所接受之词论文句而非世论？'我答言道：'这种法也许是你及一切外道所不能理解的。为什么呢？因为你及诸外道法，都于外法而起妄想，虚妄执著，若能了达有、无等法，一切皆是自心之所变现，不生分别，不取外境，能于自住处，不起有、无妄念分别，此是如采法，非你之世论法。'婆罗门，略而言之：不论何时何处，若有心识流动，于生死而有所追求爱恋，有受、有触、有见、有住，取种

种相，于爱于因等而生计著，此皆是世论，非是我法。

“大慧，世论婆罗门这样问，我这样答，他并不问我宗如实之法，便默默地走开了，心中在想：沙门瞿昙，也不怎么样，说一切法无生、无相、无因、无缘，唯是自心分别所见，若能了达万法唯心，一切虚妄分别则不得生。大慧，你今也问我这样的问题，何故亲近诸世论者？此唯得财利，不得法利。”

大慧问道：“世尊所说的财利，其义如何？”

佛说：“善哉！你能为未来众生思维此义，好好听着，我当为你解说。大慧，所谓财利者，亦即那些可触、可受、可取、可嗅等有形有相之物，使人起外境想，堕于有、无二边，增长贪爱忧悲、生老病死种种苦恼，我及诸佛称这些为财利，乃亲近世论之所获得。何谓法利？法利者，了达万法唯心所现，见二无我，不取著于相，无有妄想分别，善知诸地，离心、意、识，具足修行十无尽愿，一切诸佛为其灌顶，于一切法悉得自在，此是名法利，获此法利，不堕一切恶见戏论分别妄想，亦不堕常断、有无二边。大慧，外道世论使诸痴人堕于常、断等二边，以无因论，则起常见；以因坏灭，则起断见，我说不见生住异灭者名得法利。这就是财、法二利之区别，你及诸大菩萨对此应当勤加观察思维。”

……

其时大慧菩萨又对佛说：“世尊，佛说涅槃，何等法是涅槃？而诸外道为何作种种分别？”

佛说：“大慧，外道所说之种种涅槃，皆不随顺涅槃之相，好好听着，我当为你解说。大慧，或有外道说，见法无常，不贪

着境界，蕴界处灭，心、心所法等均不现前，不念过去、现在、未来种种境界，如灯尽，如种败，如火灭。诸取不起，分别不生，由此而起涅槃想。

“大慧，非以见灭坏分段生死为涅槃；或者以为人从“方”生，灭后还归入“方”，名为涅槃（方论者）；或者以为离境界想犹如风止名为涅槃（风仙论者）；或者以为不见能觉、所觉名为涅槃（如围陀论师）；或者以为不起常、无常分别见名为涅槃（伊赊那论师）；或者以为因不知诸法自心所现，故分别诸相而苦生，因此若能于相而起怖畏，以求无相，深生爱乐无相之想，此即为涅槃（如裸形论师）；或者以为觉知内外诸法自相、共相，过去、现在、未来有性不坏（如虚空、四大性），名为涅槃（毗世论师）。

“或者以为我、人、众生及寿者一切法无有坏灭名为涅槃（常见论师）；更有外道，无有智慧，以为有自性及种种功能转变名为涅槃（女人眷属论师）；或有外道以罪福俱尽为涅槃（苦行外道）；或有外道以不由智慧，诸烦恼尽为涅槃（净眼论师）：或有外道以大自在天真实能作众生生死者为涅槃（摩陀罗论师）；或者以为众生展转相生，此即是因，此外更无他因，不知无明爱业才是根本，认为一切物灭后，复归于彼，名为涅槃（尼犍子论师）。

“或者以为二十五谛从冥而生，自然四德，证于真实道谛，是为涅槃（僧佉论师）；或者以为摩醯首罗天为万物生因，堕四句见，执为涅槃（摩醯首罗论师）；或者以为万物从自然生，则以自然为涅槃（自然论师）；或者以明了二十五谛为涅槃（迦毗罗论师）；或者以为，若能受六德令万民安乐，安乐之性即是涅

槃；或者以为万物由时而生，时即是涅槃（时论师）；或者以有性为涅槃；或者以无性为涅槃；或者以有、无二法为涅槃；或者以万物与涅槃无别为涅槃。

“大慧，又有不同以上诸外道所说的，以能了达万法唯是自心所现，不取外境，远离四句，住如实见，不堕二边，离能、所二取，住于圣智自证境界，悟二无我，离二烦恼，净二种障，于诸地勤加修行，后入于佛地，得如幻三昧，永超心、意、识，名为涅槃（此即如来真实涅槃）。

“大慧，以上所言诸外道之种种虚妄计度，皆堕二边，作涅槃想，此既违正理，为智者所不齿。彼种种说，皆依自宗，而生妄想分别，违背正理，终不能有所成就，唯有使众生心意驰骋散乱，终无一个真实得涅槃者，你及诸大菩萨应当尽速远离。”

无常品第三之余

本品阐明佛陀涅槃境界的相关义理，分为四节：

第一节论述如来觉性，即佛陀自性涅槃。如来正等正觉不是见闻觉知那种分别可以得到与想象；并且与五蕴非一非异，非因非果。

第二节从名号、言说、实义、善义者等角度阐释“不生不灭”就是空性，就是如来。正因为一切法无所有，要觉自心现量，离二妄想。

第三节辨别佛陀“不生不灭”与外道“不生不灭”的差异。如来是离有无、离生灭，不堕二道的无相境界，安住在微妙寂静之中，此种才堪最胜相、最胜行的佛陀涅槃。

第四节分析如来与外道所讲“无常”之不同。佛陀一一批驳了外道的七种无常，指出一旦堕于常断、恒变等二边，就是离心求法，皆是泡影。

尔时，大慧菩萨摩诃萨复白佛言：“世尊，愿为我说如来、应供、正等觉自觉性，令我及诸菩萨摩诃萨而得善巧自悟、悟他。”

佛言：“如汝所问，当为汝说。”

大慧言：“唯。世尊，如来、应供、正等觉为作非作？为果为因？为相所相？为说所说？为觉所觉？如

是等为异不异？”

佛言：“大慧，如来、应、正等觉非作非非作，非果非因，非相非所相，非说非所说，非觉非所觉，何以故？俱有过故。大慧，若如来是作，则是无常，若是无常，一切作法应是如来。我及诸佛皆不忍可。若非作法，则无体性，所修方便悉空无益，同于兔角、石女之子，非作因成故。若非因非果，则非有非无，若非有非无，则超过四句。言四句者，但随世间而有言说。若超过四句，惟有言说，则如石女儿。大慧，石女儿者，惟有言说，不堕四句，以不堕故，不可度量，诸有智者，应如是知如来所有一切句义。

“大慧，如我所说，诸法无我，以诸法中无有我性，故说无我。非是无有诸法自性，如来句义应知亦然。大慧，譬如牛无马性，马无牛性，非无自性，一切诸法亦复如是。无有自相，而非有即有，非诸凡愚之所能知，何故不知？以分别故。一切法空，一切法无生，一切法无自性，悉亦如是。

“大慧，如来与蕴非异非不异。若不异者，应是无常，五蕴诸法是所作故。若异者，如牛二角有异不异，互相似故不异，长短别故有异，如牛右角异左，左角异右，长短不同，色相各别。然亦不异，如于蕴于界处等。一切法亦如是。

“大慧，如来者依解脱说，如来解脱非异非不异。

若异者，如来便与色相相应，色相相应即是无常；若不异，修行者见应无差别，然有差别，故非不异。如是智与所知，非异非不异，若非异非不异，则非常非无常，非作非所作，非为非无为，非觉非所觉，非相非所相，非蕴非异蕴，非说非所说，非一非异，非俱非不俱。以是义故，超一切量，超一切量故，惟有言说，惟有言说故，则无有生，无有生故，则无有灭，无有灭故，则如虚空。大慧，虚空非作非所作，非作非所作故，远离攀缘，远离攀缘故，出过一切诸戏论法，出过一切诸戏论法，即是如来。如来即是正等觉体，正等觉者，永离一切诸根境界。

……

译文：

其时，大慧菩萨又对佛说："世尊，请为我等说如来、应供、正等觉（应供、正等觉均是佛之尊号）自觉性，令我及诸大菩萨得此善巧，自悟、悟他。"

佛说："大慧，我将就你所问的，为你及诸大菩萨解说。"

大慧说："好的，世尊。如来、应供、正等觉是作法呢，还是非作法？是果呢，还是因？是相或是所相？是说还是所说？是觉或是所觉？如是等等，是一或是异？"

佛说："大慧，如来、应供、正等觉既非是作法，亦不是非作法，非果亦非因，非相亦非所相，非说亦非所说，非觉亦非所觉，

为什么这么说呢？因为这样说都有过失。大慧，若如来是作法，则是无常，若如来是无常，一切作法应是如来。这是我及诸佛都不能同意的。若如来非是作法，则无有体性，那么，一切修行悉皆无益，如同兔角、石女之儿，因不是作法之因所成的缘故。若如来非因非果，则非相非所相，亦即非有非无；若非有非无，则非说非所说，则言超四句。夫随文句者，则随世间而有言说，若超四句而唯有言说，则如石女儿。大慧，石女儿者，唯有言说，不堕四句，以不堕四句故，不可度量，一切智者，应如此知如来一切句义。

“大慧，如我所说，诸法无我，因为诸法中无有我性，故说诸法无我，不是诸法中无有“自身之性”，如来之义，也是这样，如来无蕴界处生死之性，不是没有法身常住自性。大慧，譬如牛无马性，马无牛性，非牛无牛自性、马无马自性，一切诸法也是这样，无有诸法自相，而非没有法身常住之性，此中道理，非凡愚之所能知。为什么呢？因为愚痴凡夫执著于虚妄分别。一切法空，一切法无生，一切法无自性，也是这样，无法之自相，非无如来法身常住之性。

“大慧，如来与‘五蕴’法非异非不异，若不异者，则如来应是无常，因为‘五蕴’都是所作法。若异者，正如牛之双角，既异又不异，互相似，故不异，长短各不同，则异。如牛右角异于左角，左角异于右角，长短色相各不相同。但双角又不异，因为同是牛之角。如来与蕴界处非异非不异也是这样。

“大慧，如来者，依解脱而立言，如来与解说也是既非异又非不异。若异者，如来则如色相，同属无常；若不异者，则一切

修行者均无差别，但实际上差别很大，因此二者非不异。与此相类似，如来觉智法身与所知之蕴界处，非异非不异。因为如来与‘五蕴’诸法非异非不异，故如来非常非无常，非作非所作，非有为非无为，非觉非所觉，非相非所相，非蕴非异蕴，非说非所说，非一非异，非俱非不俱。因此，如来真实法身，超出见闻觉知一切心量，唯有言说，无生无灭，犹如虚空。大慧，虚空非作非所作。因为虚空非作非所作，所以远离一切攀缘；因为远离一切攀缘，所以它超越一切妄想戏论；此超越一切妄想戏论者，即是如来，如来即是正等觉之体。所谓正等觉者，则是永离一切诸根境界。”

……

尔时，大慧菩萨摩诃萨复白佛言：“世尊，如佛经中分别摄取不生不灭，言此即是如来异名。世尊，愿为我说，不生不灭，此则无法，云何说是如来异名？如世尊说，一切诸法不生不灭，当知此则堕有无见。世尊，若法不生，则不可取，无有少法，谁是如来？惟愿世尊为我宣说。”

佛言：“谛听，当为汝说。大慧，我说如来，非是无法，亦非摄取不生不灭，亦非待缘，亦非无义，我说无生即是如来意生法身别异之名，一切外道、声闻、独觉、七地菩萨不了其义。大慧，譬如帝释地及虚空乃至手足，随一一物各有多名。非以名多而有多体，亦非

无体。大慧，我亦如是，于此娑婆世界[1]，有三阿僧祇百千名号[2]，诸凡愚人虽闻虽说，而不知是如来异名，其中或有知如来者，知无师者，知导师者，知胜导者，知普导者，知是佛者，……如是等满足三阿僧祇百千名号，不增不减，于此及余诸世界中，有能知我如水中月，不入不出，但诸凡愚心没二边，不能解了，然亦尊重承事供养，而不善解名字句义，执著言教，昧于真实，谓无生，无灭是无体性，不知是佛差别名号。如因陀罗释揭罗等，以信言教，昧于真实，于一切法，如言取义，彼诸凡愚作如是言，义如言说，义说无异，何以故？义无体故。是人不了言音自性，谓言即义，无别义体。大慧，彼人愚痴，不知言说是生是灭，义不生灭。

“大慧，一切言说堕于文字，义则不堕，离有离无故，无生无体故。大慧，如来不说堕文字法，文字有无不可得故，惟除不堕于文字者。大慧，若人说法堕文字者，是虚诳说，何以故？诸法自性离文字故。是故，大慧，我经中说，我与诸佛及诸菩萨，不说一字，不答一字，所以者何？一切诸法离文字故，非不随义而分别说。大慧，若不说者，教法则断，教法断者，则无声闻、缘觉、菩萨、诸佛。若总无者，谁说？为谁？是故，大慧，菩萨摩诃萨不著文字，随宜说法，我及诸佛皆随众生烦恼解欲种种不同而为开演，令知诸法自心所见，无外境界，舍二分别，转心意识，非为成立圣自证处。

“大慧，菩萨摩诃萨随于义，莫依文字。依文字者，堕于恶见，执著自宗，而起言说，不能善了一切法相，文辞章句，即自损坏，亦坏于他，不能令人心得悟解。若能善知一切法相，文辞句义悉皆通达，则能令自身受无相乐，亦能令他安住大乘；若能令他安住大乘，则得一切诸佛、声闻、缘觉及诸菩萨之所摄受；若得诸佛、声闻、缘觉及诸菩萨之所摄受，则能摄受一切众生；若能摄受一切众生，则能摄受一切正法；若能摄受一切正法，则不断佛种；若不断佛种，则得胜妙处。大慧，菩萨摩诃萨生胜妙处，欲令众生安住大乘，以十自在力[3]，现众色像，随其所宜，说真实法。真实法者，无异、无别、不来、不去，一切戏论皆悉息灭。是故，大慧，善男子、善女人，不应如言执著于义。何以故？真实之法，离文字故。

“大慧，譬如有人以指指物，小儿观指不观于物，愚痴凡夫亦复如是，随言说指而生执著，乃至尽命终不能舍文字之指，取第一义。大慧，譬如婴儿应食熟食，有人不解成熟方便，而食生者则发狂乱。不生不灭亦复如是，不方便修则为不善，是故宜应善修方便，莫随言说而观指端。

“大慧，实义者微妙寂静是涅槃因，言说者与妄想合流转生死。大慧，实义者从多闻得，多闻者谓善于义非善言说。善义者不随一切外道恶见，身自不随，亦令

他不随，是则名曰于义多闻。欲求义者，应当亲近；与此相违著文字者，宜速舍离。

注释：

①娑婆世界：亦称“堪忍世界”。堪忍，即堪忍苦难之意，佛教认为，此界苦难众多，住此界众生，须堪忍受种种苦难。另，堪忍还指菩萨为教化众生堪于忍受种种劳苦。

②阿僧祇（qí）：古印度数目名，一阿僧祇为一万万万万万万万万兆，意为“无数”。

③十自在：自在者，进退无碍之意。十种自在即是：一命自在，菩萨得长寿慧命，住持世间、无有障碍；二心自在，菩萨智慧方便，调伏自心，能入各种三昧，而无障碍；三资具自在，菩萨以无量珍宝，严饰世界，清净无碍；四业自在，菩萨能随诸业，应时示现，无障无碍；五受生自在，菩萨能随其心念，于诸世界受生示现，无障无碍；六解自在，菩萨能示现种种色身，演说妙法，无障无碍；七愿自在，菩萨能随诸愿，于诸刹中应时出现，成正等觉，无障无碍；八神力自在，菩萨神通广大，威力无量，能于世界中随机示现，无障无碍；九法自在，菩萨得大辩才，广演无边法门，无障无碍；十智自在，菩萨智慧具足，能于一念中现如来十力无畏，成正等觉，无障无碍。

译文：

其时，大慧菩萨又对佛说：“世尊，诸佛经中多有说言，不生不灭即是如来之异名者，请世尊为我等解说，不生不灭者，则是

无法，如何却说即是如来异名？正如世尊所说过的，言一切诸法不生不灭，此则是堕有、无之见。世尊，若法不生，则无可取著，诸法皆无，谁是如来？请世尊为我等宣说。”

佛说：“好好听着，我当为你解说。大慧，我说如来是不生不灭之异名，非即是无法，亦非如你所说堕有、无见。我说无生即是如来觉法自性，意成法身之异号。但此不生不灭之义，凡愚外道、声闻、缘觉乃至七地菩萨皆不能了知。大慧，譬如帝释、虚空乃至手足，一一物各有多名，并非多名而有多体，亦非无体。大慧，我也是这样，于此娑婆世界（即堪忍世界）有无数无量百千名号，诸愚痴凡夫虽然闻说其名号，但不知是如来的异名，其中或有知者，如普导、如佛、如导师、如胜导、如梵王……如无灭、如无生、如性空、如真如、如实性、如法界、如涅槃、如佛性、如寂灭，……如是等满无数无量百千名号。称谓不同，然其体性唯一，无有增减，此间及余世界中，有利根者，能知如来法身随众生心现，如月现水中，实无去来。但诸凡夫堕二边见，不能如实了知，虽也承事供养，但不了名义，执著言说，昧于如来真实法身，而谓不生不灭同于无法，不知佛之种种名号乃随众生心现，如因陀罗释揭罗（帝释异名）等，以信言教，昧于真实，于诸法中随言取义。愚痴凡夫更是这样说：义如言说，二者无异，为什么呢？因为义无体性。这种人不知言语音声无有体性，所以说言说即义，无别自体。大慧，此种人不知言说有生灭，而义无生灭。

“大慧，一切言说堕于名字，而义则不堕名字，因为义离有、无，不受生，无身相。大慧，如来不说堕文字法，只以方便说教

显真实义。大慧，若人说法堕文字言教者，是虚诳说，为什么呢？因为诸法真实性离于文字。所以，大慧，佛经中说，我与诸佛及诸菩萨，不说一字，不答一字。为什么这样呢？一切诸法性相离于文字，亦非不随真实之义，故假分别说以显义。大慧，若不说者，教法则坏，教法若坏，则无声闻、缘觉、菩萨、诸佛。若三乘圣人均无，那么，谁说法？为谁说？所以，大慧，大菩萨应当不著文字，随机说法，我及诸佛皆随众生心欲根机不同而方便说法，令其了达诸法乃是自心所现，无外境界，舍二分别，转灭妄识，并非借言教成立如来自觉圣智所证处。

“大慧，大菩萨应依于义，莫依于文字。依文字者，堕于恶见，执著自宗，而起言说，不能了达一切法相文字章句，既自损坏，亦坏他人，不能令人心得悟解。若能善知真实义，通达一切法相文字章句，则不但能使自己得无相乐，还能使他人安住大乘；若能使他人安住于大乘，则得一切诸佛、菩萨、声闻、缘觉之所摄受；若得一切诸佛、菩萨、声闻、缘觉之所报受，则能摄受一切众生；若摄受一切众生，则能摄受一切正法；若能摄受一切正法，则不断佛种；若不断佛种，则得生胜妙处。大慧，大菩萨得生胜妙处，欲令众生安住大乘，以十自在力现种种像，随众生之根机，说真实法。真实法者，离文字，无别异去来，一切戏论悉皆息灭。所以，大慧，善男子、善女人，不应执著于语言文字，因为一切真实之法离于语言文字。

“大慧，譬如有人以手指指物，小儿观指不观物，愚痴凡夫也是这样，随语言文字而起执著，乃至终生不能舍弃文字之“指”，而取真实义。大慧，譬如婴儿，应吃熟食，有人不知，而让其吃生食，则得疾病。不生不灭法门也是这样，不以方便善巧修行，则不能入此法门，所以应当善于方便修行，莫随语言文字而生执著，如不观于物而观指端。

“大慧，真实义者，离诸妄想，寂静微妙，由此而得涅槃；言说者，与妄想合，而流转生死。大慧，实义者，从多闻得，多闻而得其义，非善于言说。善其义者，不随顺一切外道恶见，非但自己不随顺，而且也使别人不堕恶见，这才是真正的多闻善义。应当亲近善求义者，与此相反之执语言文字者，应速远离。”

尔时，大慧菩萨摩诃萨承佛威神，复白佛言：“世尊，如来演说不生不灭，非为奇特。何以故？一切外道亦说作者不生不灭，世尊亦说虚空、涅槃及非数灭不生不灭；外道亦说作者因缘生于世间，世尊亦说无明爱业生诸世间，俱是因缘，但名别耳，外物因缘亦复如是。是故，佛说与外道说无有差别。外道说言，微尘、胜妙、自在、生主等如是九物不生、不灭，世尊亦说一切诸法不生不灭，若有若无，皆不可得。世尊大种不坏，以其自相不生、不灭，周流诸趣，不舍自性。世尊，分别虽稍变异，一切无非外道已说，是故佛法同于外道，若有不同，愿佛为演，有何所以佛说为胜？若无别异，外道即佛。以其亦说不生不灭故。世尊常说一世界中，无有多佛，如向所说，是则应有。”

佛言：“大慧，我之所说不生不灭，不同外道不生不

灭、不生无常论。何以故？外道所说，有实性相不生不变，我不如是堕有，无品，我所说法，非有非无，离生离灭。云何非无？如幻梦色，种种见故。云何非有？色相自性非是有故，见不见故，取不取故。是故，我说一切诸法非有非无。若觉唯是自心所见，住于自性，分别不生，世间所作悉皆永息，分别者是凡愚事，非圣贤耳。

“大慧，妄心分别不实境界，如乾闼婆城，幻所作人。大慧，譬如小儿见乾闼婆城及以幻人商贾入出，迷心分别，言有实事，凡愚所见生与不生，有为无为，悉亦如是。如幻人生、如幻人灭，幻人其实不生、不灭。诸法亦尔，离于生灭。大慧，凡夫虚妄起生灭见，非诸圣人。言虚妄者，不如法性，起颠倒见。颠倒见者，执法有性，不见寂灭；不见寂灭故，不能远离虚妄分别。是故，大慧，无相见胜，非是相见，相是生因，若无有相，则无分别，不生不灭则是涅槃。大慧，言涅槃者，见如实处，舍离分别心、心所法，获于如来内证圣智。我说此是寂灭涅槃。”

……

译文：

其时，大慧菩萨承佛威神，又对佛说：“世尊，如来演说不生不灭法门，不为奇特。为什么这么说呢？因为一切外道亦说作者不生不灭，世尊也说虚空、涅槃、非择灭三无为法不生不灭；外道说作者因缘生于世间，世尊也说无明爱业生诸世间，都是因缘而生，只是称谓不同罢了。世尊所说和外道所说之外因缘生法也是这样。所以，佛之所说与外道说无有差别。外道说时间、方位、虚空、微尘、四大种、大梵天、胜妙天（梵pradhana）、大自在天、众生主等九物不生不灭，世尊亦说一切法不生、不灭，若有若无，皆不可得。世尊，大种不坏灭，周流诸趣，自性常住，不生不灭，世尊分别所说诸法，虽稍有异，实际上外道多已说过。所以说，佛法同于外道法，若有不同，请佛为解说，为什么佛法胜于外道法？若无不同，外道即是如来，因为外道亦说不生、不灭。世尊常说，一世界中，无有多佛，如上面所说的，则应是有。”

佛说：“大慧，我之所说不生、不灭，不同于外道所说之不生、不灭，不生无常论，区别在哪里呢？外道计著一切诸法有实相性，不生、不灭，如来所说不堕有、无，我所说法，非有非无，离生离灭。为什么非无？如幻影梦像，其影像非一无所有；为什么非有呢？影像实无自性，能所见取皆不可得，所以我说一切诸法非有非无，离有离无。若觉诸法唯是自心所见，住于自性，分别不生，世间一切诸法，皆悉寂静。妄想分别，是凡愚之所为，非圣贤也。

“大慧，妄心分别之不实境界，如乾闼婆城及幻化人，小儿见有乾闼婆城及众多商贾出入，妄心分别，言有其事，凡愚所见生与不生、有为无为也是这样，如幻人生，如幻人灭，幻人其实不生不灭。诸法也是这样，离于生灭。大慧，凡夫虚妄起生灭见，圣人不如是见。所谓虚妄者，不依真实义，而起颠倒见。

颠倒见者，执著诸法有自性，不见诸法自性本寂静；不见诸法自性本寂，不能离于虚妄分别。所以，大慧，如来以其无相见胜于外道之有相之见。有相之见，以不生不灭为受生因，若无有相，则无有虚妄分别，寂静常住，则是涅槃。大慧，所谓涅槃者，依真实见，舍分别想，离心、心所法，获如来自觉圣智所证境界，我说此即是寂灭涅槃。”

……

尔时，大慧菩萨摩诃萨复白佛言："世尊，一切外道妄说无常，世尊亦言诸行无常是生灭法，未知此说是邪是正？所言无常复有几种？"

佛言："大慧，外道说有七种无常，非是我法。何等为七？谓有说始起即舍是名无常，生已不生，无常性故；有说形处变坏是名无常；有说色即无常；有说色之变异是名无常，一切诸法相续不断，能令变异自然归灭，犹如乳酪前后变异，虽不可见，然在法中坏一切法；有说物无常；有说物无物无常；有说不生无常，遍住一切诸法之中。

"其中物、无物、无常者，谓能造、所造其相灭坏，大种自性本来无起；不生无常者，谓常与无常，有无等法，如是一切皆无有起，乃至分析至于微尘，亦无所见，以不起故，说名无生，此是不生无常相。若不了此，则堕外道生无常义，有物无常义；有物无常者，谓

于非常、非无常处，自生分别。其义云何？彼立无常自不灭坏，能坏诸法，若无无常坏一切法，法终不灭，成于无有，如杖槌瓦石能坏于物，而自不坏，此亦如是。大慧，现见无常与一切法，无有能作、所作差别，云此是无常，此是所作。无差别故，能作、所作应俱是常，不见有因，能令诸法成于无故。

“大慧，诸法坏灭实亦有因，但非凡愚之所能了。大慧，异因不应生于异果，若能生者，一切异法应并相生，彼法此法能生所生应无有别，现见有别，云何异因生于异果？大慧，若无常性是有法者，应同所作自是无常，自无常故，所无常法皆应是常。大慧，若无常性住诸法中，应同诸法堕于三世，与过去色同时已灭，未来不生，现在俱坏，一切外道计四大种体性不坏，色者即是大种差别，大种造色，离异不异故，其自性亦不坏灭。

“大慧，三有之中能造、所造莫不皆是生住灭相，岂更别有无常之性，能生于物而不灭耶？始造即舍无常者，非大种互造，大种以各别故；非自相造，以无异故；非复共造，以乖离故。当知非是始造无常。形状坏无常者，此非能造及所造坏，但形状坏。其义云何？谓分析色乃至微尘，但灭形状长短等见，不灭能造、所造色体，此见堕在数论之中。色即是无常者，谓此即是形状无常，非大种性，若大种性亦无常者，则无世事，无世事者，当知则堕卢迦耶见，以见一切法自相生，唯

有言说故。转变无常者，谓色体变非大种变，譬如以金作庄严具，严具有变而金无改，此亦如是。

“大慧，如是等种种外道，虚妄分别，见无常性，彼作是说，火不能烧诸火自相，但各分散，若能烧者，能造、所造则皆断灭。大慧，我说诸法非常无常，何以故？不取外法故，三界唯心故，不说诸相故，大种性处种种差别不生、不灭故，非能造，所造故，能取、所取二种体性一切皆从分别起故，如实而知二取性故，了达惟是自心现故，离外有、无二种见故，离有、无见则不分别能造、所造故。大慧，世间、出世间及出世间上上诸法，惟是自心非常、非无常，不能了达堕于外道二边恶见。大慧，一切外道不能解了此三种法，依自分别而起言说，著无常性。大慧，此三种法所有语言分别境界，非诸凡愚之所能知。”

尔时，世尊重说颂言：

始造即便舍，形状有转变；
色物等无常，外道妄分别。
诸法无坏灭，诸大自性住；
外道种种见，如是说无常。
彼诸外道众，皆说不生灭；
诸大性自常，谁是无常法？
能取及所取，一切唯是心；
二种从心现，无有我我所。

梵天等诸法，我说惟是心；
若离于心者，一切不可得。

译文：

其时，大慧菩萨又对佛说："世尊，一切外道妄说无常，世尊也说诸行无常，是生灭法，不知此说是邪？是正？所说的无常，又有几种？"

佛说："大慧，外道说有七种无常，非是我法。哪七种呢？一者四大造色，作已还舍，是名无常；二者形处转变，是名无常，谓四大所造色之长短、大小变化无常；三者色即无常，亦即各种形色变化无常；四者转变无常，一切诸法相续不断，迭相变化自然归灭，犹如乳变为酪，此种无常虽不可见，但在一切法中坏一切法；五者性无常；六者性无性无常；七者不生无常。

"此中，性、无性、无常者，指能造所造诸法虚妄不实，其相坏灭，大种自性，本来无起，无起即无灭，何有能造所造之实法言无常；不生无常者，指常与无常、有与无等，一切诸法皆无有起，乃至极小之微尘，也无所见，此即以不起名无常。其实，一切诸法，本来寂静，并非灭生名无常，不识于此，则堕外道无常义；所谓性无常者，此即于非常非无常处，妄生分别。其义是什么呢？即其立一无常之性，自不坏灭，但能坏灭诸法。若无此无常性坏灭诸法，诸法则终不坏灭，犹如以杖击瓦，以石打物，瓦、物坏而杖石不坏，外道所谓性无常说也是这样。大慧，现见无常性与所作法，并无异体，无能作、所作之差别，妄言此是无常性，彼是所作法，因为无差别的缘故。能作、所作应俱是常，故

无有一无常之性，能令诸法坏灭而成于无。

“大慧，诸法坏灭实也有因，但此非凡愚之所能知。大慧，异因不应变生异果，若异因能生异果，则一切诸法应是互相转生，这样，此法彼法应无有差别，怎可以说诸法能转变互生呢？大慧，若有法无常性为能生因，应同所作法一样同属无常，既然自己也属无常，怎能生起诸法呢？所无常法皆应是常。大慧，若无常性住诸法中，应同诸法一样堕于三世，与色一样，过去已灭，未来不生，现在俱灭。一切外道计四大种性不坏，而所造色坏。但实际上，所造色即是四大种性和合而有，既然四大种性不坏，色亦应是不坏。

“大慧，三界之中一切诸法，能造所造莫不皆是生住灭法，岂更别有无常之性，能生于物而自身不灭？始造即舍无常者（即外道所言之第一无常），非大种互造，大种其用各不相同，不能互造于色；亦非自造于色，因为大种性本自无生，不能独起以造于色。亦非共造，因四大种性自乖悖，如水火不相容，何能共造于色？因此，当知非是始造无常。形处转变无常者，此非所造坏，亦非所造坏，而是形状坏尔，亦即此种形处转变，只是其大小、长短形状之变更，非是能造所造体坏灭。持此种说法者堕于僧法世论之中。色即是无常者，此谓所造色无常，非大种性无常，若大种性亦无常，则无世事，这样便堕入虚迦耶见中。因彼妄见诸法自相生，唯有言说，无自性相。转变无常者，指色质变异，非大种体变异，如金作种种器具，器具有变，而金体无改。

“大慧，如是等种种外道，虚妄分别，见无常性。他们认

为，火虽能烧四大所造色，但不能烧四大自相，说如果火能烧四大自相，一切能造所造则皆俱断灭。大慧，我所说，不同于外道之常无常见，为什么呢？因为一切外法皆是虚妄离于执取，三界唯是自心所现，不可妄分诸法自相，大种性不生不灭各种差别相，既非能造，亦非所造，能取、所取二种体性都是虚妄分别所生，了达诸法皆是自心所现，远离有、无二种分别见，不妄分别能造、所造。大慧，世间、出世间及出世间上上诸法，都是自心，无有外法，非常、非无常，若不能了达于此，则堕恶见。大慧，一切外道不能如实知此三种法，依自妄想，而计言说，计常无常。大慧，此三种法所有方便语言分别，亦非凡愚所能了知。”

其时，世尊重说颂：

刚产生出来又很快失灭，诸法之形状不断变化；
执著色和物等各种无常，外道于此作种种分别。
诸法各住自位无有坏灭，四大自性常住而不易；
外道所持之各种说法，都是如此以说无常。
那些外道众及种种说法，皆说大种性无生灭；
大种性既然是常，那么谁是无常法？
能取及所取皆是自心之显现，实无有我及我所。
梵天等一切诸法，我说都是心之体现；
如果离开了心，一切皆假相幻影了不可得。

现证品第四

本品主要阐释三乘修行次第的心识状态。首先明了三乘次第不同，在于“灭尽定”境界前后差别。声闻、缘觉及六地菩萨的灭尽定境界没有差别，七地菩萨常在定中，不用作意入定；八地菩萨则三界妄想全灭，任运无间。从初地到七地要如法修行，通达四无碍，唯有到了八地，才能不退转。其次明了修行次第只是方便施设，实际没有次第；就世俗谛则有次第，就胜义谛，则实无次第。前七地菩萨，分别识尚在，八地以上至成佛，已证无生法忍，悟实无有法所得，真正方便利他，涅槃寂静。

尔时，大慧菩萨摩诃萨复白佛言：“世尊，愿为我说一切声闻、缘觉入灭次第相续相，令我及诸菩萨摩诃萨，善知此已，于灭尽三昧[①]，乐心无所惑，不堕二乘及诸外道错乱之中。”

佛言：“谛听，当为汝说。大慧，菩萨摩诃萨至于六地及声闻、缘觉入于灭定，七地菩萨念念恒入，离一切法自性相故，非诸二乘。二乘有作，堕能、所取，不得诸法无差别相，了善、不善自相，共相，入于灭定，是故不能念念恒入。大慧，八地菩萨声闻、缘觉，心、意、意识分别想灭，始从初地乃至六地，观察三界一切唯是心、意、意识自分别起，离我、我所，不见外法种种

诸相，凡愚不知，由无始来过恶熏习，于自心内变作能取、所取之相，而生执著。

“大慧，八地菩萨所得三昧，同诸声闻、缘觉涅槃，以诸佛力所加持故，于三昧门不入涅槃，若不持者，便不化度一切众生，不能满足如来之地，亦则断绝如来种性。是故，诸佛为说如来不可思议诸大功德，令其究竟不入涅槃。声闻、缘觉著三昧乐，是故于中生涅槃想。大慧，七地菩萨善能观察心、意、意识、我、我所执，生法无我，若生若灭、自相共相，四无碍辩善巧决定[②]，于三昧门而得自在，渐入诸地具菩提分法。

“大慧，我恐诸菩萨不善了知自相、共相，不知诸地相续次第，堕于外道诸恶见中，故如是说。大慧，彼实无有若生若灭，诸地次第三界往来，一切皆是自心所见，而诸凡愚不能了知，以不知故我及诸佛为如是说。大慧，声闻、缘觉至于菩萨第八地中，为三昧乐之所昏醉，未能善了惟心所见，自、共相习缠覆其心，著二无我，生涅槃觉，非寂灭慧。大慧，诸菩萨摩诃萨见于寂灭三昧乐门，即便忆念本愿大悲，具足修行十无尽句。是故，不即入于涅槃，以入涅槃不生果故，离能、所取故，了达惟心故，于一切法无分别故，不堕心意及以意识外法性相执著中故，然非不起佛法正因，随智慧行如是起故得于如来自证地故。

“大慧，如人梦中方便度河，未度便觉，觉已思惟向

之所见，为是真实？为是虚妄？复自念言，非实非妄。如是但是见闻觉知，曾所更事分别习气，离有、无念，意识梦中之所现耳。大慧，菩萨摩诃萨亦复如是，始从初地而至七地，乃至增进入于第八，得无分别见，一切法如幻梦等，离能、所取，见心、心所广大力用勤修佛法，未证令证，离心、意、意识妄分别想，获无生忍，此是菩萨所得涅槃，非灭坏也。大慧，第一义中无有次第，亦无相续，远离一切境界分别，此则名为寂灭之法。”

注释：

①灭尽三昧：又作“灭尽定”、“灭受想定”，指心及心法一切俱亡之禅定，一般指证不还果以上之圣者，为假入涅槃之想而入此定。

②四无碍辩：亦作“四无碍智”、“四无碍解”，指菩萨说法之智慧辩才。就意业言，谓之“解”，就口业说，谓之“辩”。一者法无碍，二者义无碍，三者辞无碍，四者辩说无碍。

译文：

其时，大慧菩萨又对佛说：“世尊，请为我等说一切声闻、缘觉入灭次第相续相，令我及诸大菩萨了达此相后，于心、心所法俱亡之灭尽定，心无所迷惑，不堕于二乘及诸外道之中。”

佛说：“好好听着，我当为你解说。大慧，大菩萨至于六地以及声闻、缘觉断三界烦恼生死，皆能入于灭尽定，七地菩萨不同于二乘，念念恒入，无有间断。二乘有烦恼生死可断，堕于能

取、所取，不得诸法无差别相，以觉诸法种种异相入于灭尽定，所以不能念念恒入。大慧，八地菩萨无出入相，恒在三昧，同于声闻、缘觉诸心识灭，证于涅槃。自初地至六地菩萨，虽未尽灭诸心识，但已正观三界，一切唯心，离我、我所，不见外法。凡愚不觉，无始以来过恶虚伪习气所熏，于自心变现能取、所取之相，故起执著。

"大慧，八地菩萨所得三昧，同诸声闻、缘觉之涅槃，因诸佛之加持，不入于涅槃，若无诸佛加持，便不能化度一切众生，不能达于如来之地，亦即断绝如来种性。所以，如来为其示现无量难思议功德，使八地菩萨不生入涅槃想。声闻、缘觉耽著三昧之乐，所以于中生涅槃想。大慧，七地菩萨，善观心识，断我、我所诸妄想分别，见法无我，了达诸法之生灭、自共相，于法、义、辞、辩说融通无碍，于三昧门而得自在，渐入诸地具足菩萨菩提分。

"大慧，我恐诸菩萨不善了知诸法自相、共相，不知诸地相续次第，堕于外道诸恶见中，所以才这么说。大慧，至实而论，并无有法或生或灭，也无菩萨诸地、三界往来，一切都是自心所见，而诸愚痴凡夫不能了知，因其不知，我及诸佛才作此方便说。大慧，声闻、缘觉至第八地，耽著于无生三昧，为其所醉，未能善了诸法唯心所见，为自、共相习气所熏，计著人、我二无我，生涅槃想，不见诸法本来寂灭。大慧，大菩萨虽达无生三昧乐境，本愿大悲，为化度一切众生，不入于涅槃，但非不起佛法正因，惟随于智慧如实修行，远离能取、所取境界，了达诸法唯是心现，于一切法不生分别，不执著于心识及心识外种种性

相，如是入于如来自觉圣智所证境界。

“大慧，譬如人于梦中渡河，渡至河中便醒过来，发现身边并没有水，其时便想，刚才梦中所见是真？是妄？这实际上只是无始见闻觉知熏习不断，故堕有、无之念，只是心意识妄想显现而已。大慧，大菩萨也是这样，从初地到七地乃至第八地，得无分别见，了达一切诸法如梦、如幻，离能取、所取，了知心、心所广大力用，勤修佛法，未证令证，离诸心识分别妄想，悟诸法不生、不灭之理。这是菩萨所得涅槃，非坏灭也。大慧，第一义中言思路绝，既无十地对治，亦无次第相续，唯自觉智所证相应，此则名为寂灭。”

如来无常品第五

本品主要阐明如来的心识状态，即如来藏的状态。佛的本体是非常非无常，但如来自觉圣智所现证的清净法性为常，佛亲证境界远离虚妄分别，是法尔自然、本来具足的，故而恒常不变。

尔时，大慧菩萨摩诃萨复白佛言："世尊，如来、应、正等觉为常为无常？"

佛言："大慧，如来、应、正等觉非常非无常。何以故？俱有过故。云何有过？大慧，若如来常者，有能作过，一切外道说能作常；若无常者，有所作过，同于诸蕴为相所相，毕竟断灭而成无有，然佛如来实非断灭。大慧，一切所作如瓶衣等，皆是无常，是则如来有无常过，所修福智悉空无益；又诸作法应是如来，无异因故。是故，如来非常、非无常。复次，大慧，如来非常。若是常者，应如虚空不待因成。大慧，譬如虚空非常，非无常。何以故？离常无常，若一若异，俱不俱等诸过失故。复次，大慧，如来非常，若是常者，则是不生，同于兔、马、鱼、蛇等角。

"复次，大慧，以别义故，亦得言常。何以故？谓以

现智证常法故。证智是常，如来亦常。大慧，诸佛如来所证法性、法住、法位，如来出世若不出世，常住不易，在于一切二乘外道所得法中，非是空无，然非凡愚之所能知。大慧，夫如来者，以清净慧内证法性而得其名，非以心，意、意识，蕴界处法妄习得名。一切三界皆从虚妄分别而生，如来不从妄分别生。大慧，若有于二，有常无常，如来无二，证一切法无生相故，是故非常亦非无常。大慧，乃至少有言说分别生，即有常无常过，是故应除二分别觉，勿令少在。”

译文：

其时，大慧菩萨又对佛说：“世尊，如来、应供、正等觉为常为无常？”

佛说：“大慧，如来非常、非无常。为什么呢？因为说如来常与无常俱有过失。为什么说如来常与无常俱有过失呢？大慧，若如来是常者，则同外道以神我是能作，为能作常；若如来是无常者，则同世间诸有为所作法，有相所相，毕竟坏灭而成于无，但如来法身实无断灭。大慧，一切所作法如瓶衣等物，皆是无常，若言如来是无常者，则如来与瓶衣等物一样终归坏灭，所修福慧庄严皆空无益；同时，诸所作有为法也应皆是如来，因为同是作因生。所以，如来非常、非无常。又，大慧，如来非是常，若如来是常者，应如虚空等，不待因而成。大慧，譬如虚空非常、非无常。为什么呢？因为虚空离常与无常，不堕一异、俱不俱、有无非有无、常无常四句过，不可言说。此外，如来非是常，若是

常者，则是不生，如同兔、马、鱼、蛇等角，本来无生。

“此外，大慧，以别义之故，也得无常。为什么？若以离念明智证真常法而言，因证智是常，如来也是常，所以又应说如来是常。大慧，诸佛如来内证圣智，恒常清净不变，其若出世，若不出世，法性常如，法体不易，遍于一切二乘外道所得法中，不是空无，仅是愚痴凡夫不能了知而已。大慧，所谓如来者，乃是以清净智慧内证法性而得其名，非以心意识蕴界处诸法妄习得名。一切三界皆从虚妄分别而生，如来不从虚妄分别生。大慧，若有生死、涅槃二妄分别，则有常与无常，如来所证无生，无二法故，所以如来非常非无常。大慧，只要一有言说分别生，则有常、无常过，因此，应当断除二妄分别，不可堕二边见。”

刹那品第六

此品分四节辨明如来藏圣智境界与其他刹那生灭法的差异：

第一节演说“蕴界处”的生灭之相。本节提出“如来藏藏识”的概念，将如来藏与第八识结合起来，成为本经特色。“如来藏藏识”是佛陀境界，前七识不过在其基础上幻化演戏，如能看透，就“如观掌中菴摩勒果”，即成就如来。

第二节介绍五法、三自性、八识、二无我的差别相。此四法皆为大乘法门所摄，名、相、虚妄分别即属于遍计所执性和依他起性，正智和如如则是圆成实相。

第三节讲述三世诸佛如恒河沙。成佛者比恒河沙数量更多，非喻能及。佛又以七个关于恒河沙的譬喻，阐释如来藏平等正觉、不来不去之境。

第四节明晰诸法刹那生灭相。佛陀首先从蕴界处和八识角度论述一切有为法皆是有漏法，刹那生灭；无为无漏的出世间法和涅槃摄受的内证法则无有生灭。其次阐释三种六度波罗蜜，世间和出世间的六度还是生灭法，唯有出世间上上的六度圣智境界，是非刹那法。

尔时，大慧菩萨摩诃萨复白佛言：“世尊，惟愿为我说蕴界处生灭之相。若无有我，谁生谁灭？而诸凡夫依于生灭，不求尽苦，不证涅槃。”

佛言：“大慧，谛听谛听，当为汝说。大慧，如来藏是善不善因，能遍兴造一切趣生，譬如伎儿变现诸趣，离我、我所，以不觉故，三缘和合，而有果生。

外道不知执为作者，无始虚伪恶习所熏，名为藏识。生于七识无明住地，譬如大海而有波浪，其体相续，恒住不断，本性清净，离无常过，离于我论。其余七识，意、意识等，念念生灭，妄想为因，境相为缘，和合而生，不了色等，自心所现，计著名相起苦乐受，名相缠缚，既从贪生，复生于贪。若因及所缘，诸取根灭，不相续生，自慧分别苦乐受者，或得灭定，或得四禅[1]，或复善入诸谛解脱，便妄生于得解脱想，而实未舍未转如来藏中藏识之名，若无藏识，七识则灭。何以故？因彼及所缘而得生故，然非一切外道二乘诸修行者所知境界，以彼惟了人无我性，于蕴界处取于自相及共相故。

“若见如来藏五法自性诸法无我，随地次第而渐转灭，不为外道恶见所动，住不动地得于十种三昧乐门[2]，为三昧力诸佛所持，观察不思议佛法及本愿力，不住实际及三昧乐，获自证智，不与二乘诸外道共，得十圣种性道及意生智身，离于诸行。是故，大慧，菩萨摩诃萨欲得胜法，应净如来藏藏识之名。大慧，若无如来藏名藏识者则无生灭，然诸凡夫及以圣人悉有生灭。是故，一切诸修行者虽见内境，住现法乐，而不舍

于勇猛精进。

“大慧，此如来藏藏识本性清净，客尘所染而为不净，一切二乘及诸外道，臆度起见，不能现证，如来于此分明现见，如观掌中菴摩勒果。大慧，我为胜鬘夫人，及余深妙净智菩萨说如来藏名藏识与七识俱起，令诸声闻见法无我。大慧，为胜鬘夫人说佛境界，非是外道二乘境界。大慧，此如来藏藏识是佛境界，与汝等比净智菩萨随顺义者所行之处，非是一切执著文字外道二乘所行处。是故，汝及诸菩萨摩诃萨于如来藏藏识当勤观察，莫但闻已便生足想。”

尔时，世尊重说颂言：

甚深如来藏，而与七识俱；
执著二种生，了知则远离。
无始习所熏，如像现于心；
若能如实观，境相悉无有。
如愚见指月，观指不观月；
计著文字者，不见我真实。
心如工技儿，意如和技者；
五识为伴侣，妄想观技众。

注释：

①四禅：亦作“四禅定”、“四静虑”，是佛教的四种最基本的禅定，其特点是已离欲界之惑障，能生色界之四禅天。

②不动地：大乘菩萨十地之第八地。《华严经》、《仁王经》说菩萨十地：一欢喜地，悟人、法二无我，初证圣果，能益自他，生大欢喜。二离垢地，远离一切犯戒之烦恼，使身心无垢清净。三发光地，断除修惑，显发智慧之光。四焰慧地，成就精进波罗蜜，智慧增盛。五难胜地，使“俗智”与“真智”合而相应，达此极难。六现前地，成就智慧波罗蜜，生无分别智，使最胜般若现前。七远行地，发大悲心，远离二乘之自度。八不动地，作无相观，不为一切烦恼所动。九善慧地，具足十力，能遍行十方说法。十法云地，成就“大法智”，具足无边功德，法身如虚空，智慧如大云。

译文：

其时，大慧菩萨又对佛说：“世尊，请为我等说蕴、界、处诸法生灭之相，若诸法中无我，那么，是谁生谁灭？而诸凡夫依于生灭不求尽苦，不证涅槃。若无有我，谁知苦尽，谁证涅槃？”

佛说：“大慧，好好听着，我当为你解说。大慧，如来藏是一切善、不善法之因，故能遍造六道生死法。譬如技儿能依咒术变现种种事物，离我、我所，如来藏遍造六道生死法，也是这样，因为不知如来藏无我，以根、麈、识三缘和合而有诸法生起；外道不知如来藏无我，以神我为作者，为无始恶习所熏，名如来藏为藏识，而与无明七识共俱。譬如大海，因风起浪，水相、波相相续不断。但如来藏自性本来清净，离于常与无常及我、我所；其余七识，念念生灭，妄想为因，境相为缘，而生三界生死法。不了知色等一切诸法，乃自心所现，执著名相，起

诸烦恼，造善恶业，感苦乐报，既从贪生，生后又生贪欲，如因及缘，流转生死，无解脱期。若爱取诸根灭，不相续生，除自心妄想分别，不生苦乐受，这种修行者，或得心和心所部不起之‘灭定’，或得能离欲界惑障之四禅定，或入于四谛解脱。其时，便妄生得真解脱想，其实，尚未舍弃虚伪习气，未能转识成智，非真解脱。若无藏识，七识无依，习气亦灭，此乃真解脱。为什么呢？因为藏识是所依、所缘，其余诸识方得生。当然，此非外道二乘等修行者之境界，因为他们只见人无我，不达法无我，执著于蕴界处诸法之自、共相。

“若能如实知见五法体相、三自性、二无我，转识成智，不为外道恶见所动，住于不为一切烦恼所动之不动地，了十种如幻三昧，为彼三昧力所持，任运修行不思议的佛法及自己的本愿力，不住于三昧乐境，获自觉圣智，远超二乘及诸外道，证十地圣人之道，意生法身，离于功用诸三昧行。所以，大慧，大菩萨欲得胜净微妙佛法者，法转染成净，转识成智。大慧，若无藏识之名，则无生灭，然而诸凡夫及圣人悉有生灭，所以一切修行者，虽见自住境地，住现法乐三昧，但不舍方便进趣佛地。

“大慧，此如来藏藏识本性清净，为客尘所染，而为不净，一切二乘及诸外道，妄意起见，不能现证；如来现见此清净如来藏，如视掌中菴摩罗果。大慧，我为胜鬘夫人及诸深妙净智菩萨说如来藏名藏识，与余七识共起诸法，使诸声闻得见法无我。大慧，我此为胜鬘夫人所说是佛境界，非是外道二乘境界。大慧，此如来藏藏识是佛境界，以及像你这样的净智菩萨所修行的境界，是依义菩萨所行之处，不是一切执著文字的外道二乘之所行处。所以你及诸大菩萨于如来藏藏识应当勤加观察，三慧备修，不要一听便以自足。”

其时，世尊重说颂：

深绝微妙之如来藏，与意等七识一起；

执著于阿赖耶识而有二种生死，了达藏识无我则远离生灭。

为无始恶习所熏，就如诸法乃心之所显现；

若能这样如实观察，一切境皆悉虚幻不实。

如指指月，愚痴凡夫只观于指而不观月；

计著于语言文字者，不能洞见真实之法。

藏识受熏持种，如作技者，

末那执以为我，如和技者。

眼等五识取尘相资，犹如伴侣，

意识虚妄了别，如观技人。

尔时，大慧菩萨摩诃萨复白佛言：“世尊，愿为我说五法自性诸识无我差别之相，我及诸菩萨摩诃萨，善知此已，渐修诸地，具诸佛法，至于如来自证之位。”

佛言：“谛听，当为汝说。大慧，五法自性诸识无我，所谓名、相、分别、正智、如如。若修行者，观察此法，入于如来自证境界，远离常断、有无等见，得现法乐甚深三昧。大慧，凡愚不了五法自性诸识无我，于心所现，见有外物而起分别，非诸圣人。”

大慧白言：“云何不了而起分别？”

佛言："大慧，凡愚不知名是假立，心随流动见种种相，计我、我所，染著于色，覆障圣智，起贪、嗔、痴，造作诸业，如蚕作茧，妄想缠缚，堕于诸趣生死大海，如汲水轮，循环不绝，不知诸法如幻、如焰、如水中月，自心所见，妄分别起，离能、所取及生住灭，谓从自在时节微尘胜性而生，随名相流。

"大慧，此中相者，谓眼识所见，名之为色，耳、鼻、舌、身、意识得者，名之为声、香、味、触、法，如是等我说为相。分别者，设施众名，显示诸相，谓以象、马、步车、男女等名，而显其相，此事如是决定不异，是名分别。正智者，谓观其相，互为其客，识心不起、不断、不常，不堕外道二乘之地，是名正智。大慧，菩萨摩诃萨以其正智观察名相，非有非无，远离损益二边恶见，名相及识本来不起，我说此法名为如如。

"大慧，菩萨摩诃萨住如如已，得无照现境，升欢喜地，离外道恶趣，入出世法，法相淳熟，知一切法犹如幻等，证自圣智所行之法，离臆度见，如是次第乃至法云。至法云已，三昧诸力自在神通开敷满足，成于如来。成如来已，为众生故，如水中月普现其身，随其欲乐而为说法，其身清净，离心意识，被弘誓甲，具足满十无尽愿，是名菩萨摩诃萨入于如如之所获得。"

尔时，大慧菩萨摩诃萨复白佛言："世尊，为三性入五法中，为各有自相？"

佛言："大慧，三性、八识及二无我悉入五法，其中名及相是妄计性；以依彼分别心、心所法俱时而起，如日与光，是缘起性；正智如如不可坏故，是圆成性。大慧，于自心所现生执著时，有八种分别。起此差别相，皆是不实，唯妄计性。若能舍离二种我执，二无我智即得生长。大慧，声闻、缘觉、菩萨、如来自证圣智诸地位次，一切佛法悉皆摄入此五法中。

"复次，大慧，五法者，所谓相、名、分别、如如、正智。此中相者，谓所见色等，形状各别，是名为相；依彼诸相立瓶等名。此如是，此不异，是名为名；施设众名，显示诸相心，心所法，是名分别；彼名彼相毕竟无有，但是妄心展转分别，如是观察乃至觉灭，是名如如。大慧，真实决定究竟根本自性可得是如如相，我及诸佛随顺证入，如其实相，开示演说，若能于此随顺悟解，离断离常，不生分别，入自证处，出于外道二乘境界，是名正智。大慧，此五种法、三性、八识、二无我，一切佛法普皆摄尽。大慧，于此法中，汝应以自智善巧通达，亦劝他人，含其通达，通达此已，心则决定不随他转。"

尔时，世尊重说颂言：

五法三自性，及与八种识，
二种无我法，普摄于大乘。
名相及分别，二种自性摄，
正智与如如，是则因成相。

译文：

其时，大慧菩萨又对佛说："世尊，请为我等讲解五法自性、二种无我差别之相，使我及诸大菩萨知此行相，渐修诸地，具足佛法，之后至于如来圣智自证境界。"

佛说："好好听着，我当为你解说。大慧，所谓五法自性者，即一名、二相、三分别、四正智、五如如。若善达五法自性、二种无我，入于如来自证境界者，则远离常断、有无等分别见，得现法乐甚深三昧。大慧，愚痴凡夫不能了达五法自性、二种无我，于自心所见外物，而起虚妄分别，非圣者境界。"

大慧说："如何是不能了达五法自性、二种无我，而起虚妄分别？"

佛说："大慧，愚痴凡夫不知'名'是假立，心随流动见有诸法，计著我及我所，执著于色等外法，覆障圣智，起贪、嗔、痴各种烦恼，造作诸业，如蚕作茧以自缚，堕于六道生死轮回之中，如汲水轮，循环不息；不知诸法如幻、如焰、如水中月，自心所现，而虚妄分别，不知离于能取、所取及生住灭，而妄心外缘，随顺自在，时、微尘、我等而生，随名相而流转。

"大慧，此中'相'者，亦即眼识所见，名之为色；耳、鼻、舌、身、意识所得者，名为声、香、味、触、法，所有这些我统统称之为'相'。所谓'分别'者，施设种种名号，显示种种差别相，称之为象、马、步车、男女等，因有此等名称，即有象、马、步车男女等性相起，曰此是象、马，那是步车男女，计著如此种种名相，是名'分别'。所谓'正智'者，亦即以正智观察，物无当名之实；名无得物之功，自性本无，故俱互为客，如此观察，则不

起分别心识，亦即不堕常断等外道二乘境界，此是名‘正智’。大慧，大菩萨以其正智观察名相，非有非无，远离二边恶见，名相及识，相自不起，我说此法即名‘如如’。

“大慧，大菩萨得入无相寂静境界，升欢喜地，离外道恶趣，入出世法中。此时，法相成熟，知一切法如幻如梦，证自觉圣智所行法门，离臆度妄想，如是逐渐增长至法云地；其时，三昧力具足，神通自在，功德圆满，成于如来。成如来后，为大悲本愿，如水中月普现种种身，为众生说法，其身清净，毫无垢染，离诸心识，成就往昔十无尽愿。此即是大菩萨如实修行五法、入如如地所得境界。”

其时，大慧菩萨又对佛说：“世尊，三自性入五法中，是三自性各有自相吗？”

佛说：“大慧，三自性、八识及二种无我，悉入于此五法中，其中，‘名’与‘相’是妄计所执自性；若以依彼分别心、心所法，必带名相一并生起，如日与光，同时而有，是名缘起自性；‘正智’、‘如如’，非是作法，不可坏灭，是圆成实性。大慧，执著于自心所现分别法，差别有八种，以分别诸相，此皆是虚妄不实，只是虚妄计著而已。若能舍去人、法二种我执，二无我智即得生长。大慧，声闻、缘觉、菩萨、如来自证圣智诸境界，一切佛法也都摄入此五法中。

“此外，大慧，五法者，所谓相、名、分别、如如、正智。此中‘相’者，即听见之‘色’等诸法，形状各别，此是名为‘相’；根据各种相状建立瓶、衣等名称，曰此是瓶，彼是衣等，此即为‘名’；施设众名，显示诸相，分别心、心法，此即是“分别”；其

名其相毕竟无有，只是妄心展转虚妄分别，如是观察，乃至无有妄想觉知，是名‘如如’。大慧，只有自性可得，余皆虚幻，所以诸佛随顺证入，如其实相，为诸众生开示讲演，若能如此随顺悟解，离于断常等二边分别，入自证圣智境界，非二乘外道之所能得，此则是‘正智’。大慧，此五法、三自性、八识、二无我，普摄一切佛法。大慧，汝等应以自智善巧通达，也劝他人，使其也通达，既已通达，心则不随名相流转。”

其时，世尊重说颂：

名相等五法及遍计所执三自性，以及眼等八种识，
人无我和法无我二种无我法，普摄一切大乘法。
五法中的名、相及分别，为二种自性所摄，
正智与如如二种法，则属于圆成实。

尔时，大慧菩萨摩诃萨复白佛言：“世尊，如经中说，过去、未来、现在诸佛如恒河沙，此当云何？为如言而受？为别有义？”

佛告大慧：“勿如言受，大慧，三世诸佛非如恒沙，何以故？如来最胜超诸世间，无与等者非喻所及，唯以少分为其喻耳，我以凡愚诸外道等，心恒执著常与无常恶见，增长生死轮回，令其厌离，发胜希望，言佛易成，易可逢值；若言难遇如优昙华[①]，彼便退怯，不勤精进，是故我说如恒河沙；我复有时观受化者，说佛难值如优昙华。大慧，优昙钵华，无有曾见、现见、当见，如来则有已、现、当见。大慧，如是譬喻非说自法，

自法者内证圣智所行境界，世间无等过诸譬喻，一切凡愚不能信受。

“大慧，真实如来超心、意、意识所见之相，不可于中而立譬喻，然亦有时而为建立，言恒沙等，无有相违。大慧，譬如恒沙，龟、鱼、象、马之所践踏，不生分别，恒净无垢，如来圣智，如彼恒河，力通自在，以为其沙，外道龟，鱼竞来扰乱，而佛不起一念分别。何以故？如来本愿，以三昧乐普安众生，如恒河沙，无有爱憎，无分别故。

“大慧，譬如恒沙，是地自性，劫尽烧时，烧一切地，而彼地大不舍本性，恒与火大俱时生故，诸凡愚人，谓地被烧，而实不烧，火所因故。如来法身亦复如是，如恒河沙，终不坏灭。大慧，譬如恒沙，无有限量，如来光明亦复如是，为欲成就无量众生普照一切诸佛大会。大慧，譬如恒沙，住沙自性，不更改变而作余物，如来亦尔，于世间中不生不灭，诸有生因，悉已断故。大慧，譬如恒沙，取不知减，投不见增，诸佛亦尔，以方便智成熟众生，无减无增，何以故？如来法身无有身故。大慧，以有身故，而有灭坏，法身无身，故无灭坏。大慧，譬如恒沙，虽苦压治，欲求酪油，终不可得，如来亦尔，虽为众生众苦所压，乃至蠢动未尽涅槃，欲令舍离于法界中，深心愿乐，亦不可得，何以故？具足成就大悲心故。大慧，譬如恒沙，随水而流，非无水

也，如来亦尔，所有说法莫不随顺涅槃之流，以是说言诸佛如来如恒河沙。大慧，如来说法，不随于趣。趣是坏义，生死本际不可得知，既不可知，云何说趣？大慧，趣义是断，凡愚莫知。”

大慧菩萨复白佛言：“若生死本际，不可知者，云何众生在生死中而得解脱？”

佛言：“大慧，无始虚伪过习因灭，了知外境自心所现，分别转依名为解脱，非灭坏也。是故，不得言无边际。大慧，无边际者，但是分别异名。大慧，离分别心无别众生，以智观察内外诸法，知与所知悉皆寂灭。大慧，一切诸法唯是自心分别所见，不了知故，分别心起，了心则灭。”

尔时，世尊重说颂言：

观察诸导师，譬如恒河沙，
非坏亦非趣，是人能见佛。
譬如恒河沙，悉离一切过，
而恒随顺流，佛体亦如是。

注释：

①优昙（tán）华：又名“优昙钵华”，世称三千年开一次花，遇佛出世时始开，此处譬喻极难遇到。

译文:

其时，大慧菩萨又对佛说:“世尊，如经中说，过去、未来及现在诸佛如恒河沙，无量无数，应当如何对待这种说法？是依如来所说，我随顺执取，还是另有他义？请世尊为我讲说。”

佛告诉大慧:“不要依言说随顺执取。大慧，三世诸佛，非如恒河沙，为什么呢？如来殊胜无上，超诸世间，世间无物可以比拟。我说恒河沙，只为借此略作比喻而已，因为愚痴凡夫及诸外道，常常执著常与无常诸恶见，增长生死轮回，为使其厌离生死，故说佛容易成就也像恒河沙那样很容易遇到，众生可以得到佛之教化；如果说遇佛如遇优昙钵花一样难，他便闻而却步，不精进学佛，所以我说诸佛如恒河沙，无量无数；有时我又对信受佛法者说遇佛如同遇优昙钵花一样难。大慧，优昙钵花，过去不曾见过，现在也未见到，将来也不会见到，如来则不论于过去、现在、未来都可以见到。因此，大慧，这样的譬喻，非说真实法。真实法者，内证圣智所行境界，世间无物可以比拟，非凡夫心识所见之相，故非愚痴凡夫之所能信受。

“大慧，如来法身，非诸心识所见之相，非是世间事物之所能比拟，但有时也以恒河沙作譬喻，此乃方便说，并不相矛盾。大慧，譬如恒河沙，为龟、鱼、象、马之所践踏，但并不因此而生分别，也不因此而生垢浊，诸佛之力，犹如恒河沙，外道龟鱼，竞相扰乱，而佛不起一念分别。为什么？诸佛如来大悲本愿，为诸众生普入三昧，皆得安乐，如恒河沙，无有爱憎等等分别。

“大慧，譬如恒河沙，是大地自性，劫尽大火，烧一切物，而其地性，丝毫不舍，常与火之大种并生。诸愚痴凡夫，说地被

烧，而地实不能烧，因为火之大种，不离于地。大慧，如来法身，也是这样，如恒河沙，终不坏灭。大慧，譬如恒河沙，无数无量，如来光明，也是这样，为了成就无量众生，普照一切诸佛大会。大慧，譬如恒河沙，住沙自性，不更改变作它物，如来也是这样，于世间不生不灭，断绝一切生灭之因。大慧，譬如恒河沙，取不见减少，放不见增多，诸佛也是这样，以方便智慧成熟众生，无增亦无减。为什么呢？因为如来法身非是色身。大慧，若是色身，则有坏灭，因法身非是色身，所以无有坏灭。大慧，譬如恒河沙，如有人欲压其沙而得酥油，终不可得，因为沙中本无有油。大慧，如来也是这样，为众生烦恼所压，欲令其舍去自性法界、深心本愿，也不可得。为什么呢？因为如来本来无烦恼，大悲本愿本来具足。大慧，譬如恒河沙，随水而流动，如来也是这样，随顺涅槃之流，所以我说诸佛如来如恒河沙。大慧，如来说法虽随顺涅槃之流，并无去来之义，若如来有去义，则应是无常，生死本际不可得知，既不可得知，如何说去？大慧，去来是断义，凡愚不知诸法随涅槃而无去来。”

其时，大慧菩萨又对佛说：“若生死本际不可得知，为何说言众生在生死中而得解脱？”

佛说：“大慧，无始虚伪过习因灭，了知外境乃是自心所现，转一切分别妄想，是名解脱，并非断灭边。所以不得言无边也。大慧，无边际者，只是虚妄分别之异名尔。大慧，离开虚妄分别之心，无所谓众生，以佛法智慧观察，一切内外诸法，知与所知，悉皆寂灭。大慧，一切诸法只是自心分别所见，因不了知，于分别心起虚幻诸法，了知诸法是自心所见，则不妄生

分别。”

其时，世尊重说颂：

观察诸佛如来，譬如恒河之沙，
不坏灭亦无来去，如此能见佛。
譬如恒河之沙，离一切之过失，
常常顺水而流，佛体也是这样。

尔时，大慧菩萨摩诃萨复白佛言：“世尊，愿为我说一切诸法刹那坏相，何等诸法名有刹那？”

佛言：“谛听，当为汝说。大慧，一切法者，所谓善法、不善法，有为法、无为法[①]，世间法、出世间法[②]，有漏法、无漏法[③]，有受法、无受法[④]。大慧，举要言之，五取蕴法以心、意、意识习气[⑤]，为因而得增长，凡愚于此而生分别，谓善不善，圣人现证三昧乐住，是则名为善无漏法。

“复次，大慧，善不善者，所谓八识，何等为八？谓如来藏名藏识，意及意识并五识身。大慧，彼五识身与意识俱，善不善相展转差别，相续不断，无异体生，生已即灭，不了于境自心所现，次第灭时别识生起，意识与彼五识共俱，取于种种差别形相，刹那不住，我说此等名刹那法。

“大慧，如来藏名藏识，所与意等诸习气俱，是刹那法；无漏习气非刹那法。此非凡愚刹那论者之所

能知，彼不能知一切诸法，有是刹那、非刹那故，彼计无为同诸法坏，堕于断见。大慧，五识身非流转，不受苦乐非涅槃因，如来藏受苦乐，与因俱，有生灭，四种习气之所迷覆，而诸凡愚分别熏心，不能了知，起刹那见。大慧，如金、金刚佛之舍利，是奇特性，终不损坏，若得证法有刹那者，圣应非圣，而彼圣人未曾非圣，如金、金刚，虽经劫住，称量不减，云何凡愚不解于我秘密之说，于一切法作刹那想？”

大慧菩萨复白佛言：“世尊常说六波罗蜜若得满足[⑥]，便成正觉，何等为六？云何满足？”

佛言：“大慧，波罗蜜者差别有三，所谓世间、出世间、出世间上上。”

“大慧，世间波罗蜜者，诸凡愚者著我，我所，执取二边，求诸有身贪色等境，如是修行檀波罗蜜、持戒、忍辱、精进、禅定，成就神通，生于梵世。

“大慧，出世间波罗蜜者，谓声闻、缘觉执著涅槃希求自乐，如是修习诸波罗蜜。

“大慧，出世间上上波罗蜜者，谓菩萨摩诃萨于自心二法了知惟是分别所现，不起妄想，不生执著，不取色相，为欲利乐一切众生，而恒修行檀波罗蜜；于诸境界不起分别，是则修行尸波罗蜜；即于不起分别之时，忍知能取、所取自性，是则名为羼提波罗蜜；初中后夜勤修匪懈，随顺实解不生分别，是则名为毗梨耶波罗

蜜；不生分别，不起外道涅槃之见，是则名为禅波罗蜜；以智观察心无分别，不堕二边，转净所依，而不坏灭获于圣智内证境界，是则名为般若波罗蜜。”

注释：

①有为法：因缘造作曰“为”，由因缘而生诸法，有生有灭，皆是有为法，如色法、心法等。无为法：即无因缘造作之法，不生不灭如涅槃、虚空、非择灭三无为法。

②世间法：欲界、色界、无色界三界中一切有情之众生及无情物，均属世间法。出世间法：一切超出世间之法，如菩萨十地中自第四地起即属出世间法，其中第四、第五地为声闻法，第六地为缘觉法，第七地为菩萨法，八地以上属佛乘法。

③有漏法：三界诸法均属有漏法。漏，即“烦恼”之别名。无漏法：无漏即离烦恼之清净法，如菩提、涅槃等。

④有受法：即领纳所触之心法。受，领纳之义。无受法：即非领纳外境之法。

⑤五取蕴法：五取蕴，即构成有情众生之“色、受、想、行、识”五要素，以取著烦恼而生，故名“取蕴”。取，取著之义。

⑥六波罗蜜：是大乘佛教修行的主要内容和方法，具体包括：布施、持戒、忍辱、精进、禅定、般若。波罗蜜，意译为“度”或“到彼岸”。

译文：

其时，大慧菩萨又对佛说：“世尊，请为我等说一切诸法刹

那坏相。哪种法名为刹那？”

佛说：“好好听着，我当为你解说。大慧，所谓一切法者，亦即包括一切顺正理益自他之善法和逆正理损自他之不善法，有生灭之有为法和无生灭之无为法，世间法与出世间法，有染污之有漏法与无染污之无漏法，有执取之受法与无执取之无受法。大慧，要而言之，五取蕴法，以诸心识习气而得生长，愚痴凡夫于此而生虚妄分别，谓善与不善，此是刹那，圣人现证三昧乐境，是则名为善无漏法，此则非刹那。

“此外，大慧，善不善法者所谓八识，哪八识呢？即如来藏名藏识，以及末那、意识、眼识、耳识、鼻识、舌识、身识。其中，眼、耳、鼻、舌、身五识取尘，意识造善恶业相，展转差别，善恶业相，相续不断，五识身生，此五识身念念不住。此五识不觉诸法乃自心所现，取种种尘，随取随灭，即时第六识生起，意识与前五识一起，取于种种形相差别，刹那不住，我说这些名刹那法。

“大慧，如来藏名藏识，与前七识，俱名刹那。无漏习气，熏如来藏藏识，离念相应，即非刹那，此非愚痴凡夫、刹那论者之所能知，他们不知诸法有刹那、非刹那之分，以无漏真如同于诸有为法，堕于断常、生灭等见。大慧，五识身无自性，不能流转六道，亦不知苦乐，亦非涅槃因；如来藏是常，随其染净熏习转变，以作依持，能令诸识知苦乐，与因一起，若生若灭。愚痴凡夫为四种习气之所迷覆，不知如来藏是常，起刹那见。大慧，如来藏就如金、金刚佛骨舍利，甚是奇特，终不坏灭。若一切诸法均属刹那者，则圣人非圣，实际上，圣人则是圣人，如金、金刚等，虽经久远，其量不减，愚痴凡夫不知我方便说之真实义，以为一切诸法均是刹那生灭，其实，无漏习气非刹那也。”

其时，大慧菩萨又对佛说：“世尊常说六波罗蜜若得满足，便成正觉，是哪六种波罗蜜？如何才是满足？”

佛说：“大慧，波罗蜜者，差别有三。所谓世间波罗蜜、出世间波罗蜜和出世间上上波罗蜜。

“大慧，世间波罗蜜者，亦即诸愚痴凡夫执著于我、我所，执取二边，求三有身，贪着于色、声、香、味、触境，如此修行布施、持戒、忍辱、精进、禅定、般若，得五神通世间之法，生于六欲梵世，是名世间波罗蜜。

“出世间波罗蜜者，如声闻、缘觉，欣趣涅槃，追求自我解脱，如此修行六度，是名出世间波罗蜜。

“出世间上上波罗蜜者，指大菩萨了知人、我二法唯是自心所现，不起妄想，不生执著，不取色相，为利益一切众生，而常修行布施波罗蜜；于诸境界不起分别，知法性无染，离五欲过，随顺修行持戒波罗蜜；知法性无苦，离诸嗔恼，随顺修行忍辱波罗蜜；时刻勤修，毫不懈怠，随顺修行精进波罗蜜；不生分别，不起外道之见，知法性常定，随顺修行禅定波罗蜜；以智慧观察不起妄心分别，不堕于二边之见，转染成净，随顺修行般若波罗蜜。此是名出世间上上波罗蜜。”

变化品第七

本品主要阐明如来的种种变化。在大慧菩萨的提问下，如来回答了诸般问题：法身佛为菩萨说法，化身佛为声闻授记；因声闻只断烦恼障，而菩萨能二障悉断永净。如来法性常净，非异前佛；其说法乃随顺众生方便，实则非着一字。如来藏藏识境界是善、不善的因，二乘凡愚没有证得，故而执著生灭、流转生死。金刚力士所护卫的是化身佛，法身佛境界不可思议，无需护卫；化身佛非从业生，乘愿而来，应机说法；法身佛才能代表圣智如如之境。唯有离一切妄想分别，才能证入如来藏清净之境。

尔时，大慧菩萨摩诃萨复白佛言：“世尊，如来何故授阿罗汉阿耨多罗三藐三菩提记？何故复说无般涅槃法众生得成佛道？又何故说从初得佛至般涅槃，于其中间不说一字？又言如来常在于定，无觉无观；又言佛事皆是化作；又言诸识刹那变坏；又言金刚神常随卫护，又言前际不可知，而说有般涅槃，又现有魔及以魔业，又有余报，谓旃遮婆罗门女孙陀利外道女，及空钵而还等事？世尊，既有如是业障，云何得成一切种智[①]？既已成于一切种智，云何不离如是诸过？”

佛言：“谛听，当为汝说。大慧，我为无余涅槃界

故[2]，密勒令彼修菩萨行，此界他土有诸菩萨，心乐求于声闻涅槃，令舍是心进修大行，故作是说；又变化佛与化声闻而授记别，非法性佛。大慧，授声闻记是秘密说。大慧，佛与二乘无差别者，据断惑障解脱一味[3]，非谓智障[4]。智障要见法无我性，乃清净故。烦恼障者，见人无我，意识舍离，是时初断藏识习，灭法障解脱方得永净。

“大慧，我依本住法作是密语，非异前佛，后更有说，先具如是诸文字故。大慧，如来正知无有妄念，不待思虑，然后说法，如来久已断四种习[5]，离二种死，除二种障。

“大慧，意及意识眼识等七，习气为因，是刹那性，离无漏善，非流转法。大慧，如来藏者，生死流转及是涅槃苦乐之因，凡愚不知妄著于空。

“大慧，变化如来，金刚力士，常随卫护，非真实佛，真实如来离诸根量，二乘外道所不能知，住现法乐，成就智忍，不假金刚力士所护。一切化佛不从业生，非即是佛，亦非非佛，譬如陶师众事和合而有所作，化佛亦尔，众相具足而演说法，然不能说自证圣智所行之境。复次，大慧，诸凡愚人见六识灭，起于断见，不了藏识起于常见。大慧，自心分别是其本际，故不可得，离此分别，即得解脱，四种习断，离一切过。”

注释:

①一切种智:《大智度论》所说的“三智”之一。“三智”者,一、一切智,即声闻、缘觉之智,知一切法之总相,总相即空相;二、道种智、菩萨之智,亦即能从空入假,知诸法种种差别;三、一切种智,即佛智,能由空、假更入于“中”,了知诸法实相。

②无余涅槃:二种涅槃之一,与“有余涅槃”相对。所谓“有余涅槃”,指生死之因之惑业已断尽,但作为前世惑业造成的果报身还在;无余涅槃指生死之因果都尽,不再受生三界。

③惑障:即“烦恼障”,“二障”之一。二障者,烦恼障、所知障。烦恼障即是以我执为首的诸烦恼,能障涅槃。

④智障:即“所知障”。所知障即是以法执为首的诸烦恼,能障觉悟。

⑤四种习:即“四住烦恼”,三界见思之烦恼:一、欲界之一切见思烦恼,二、色界之一切见思烦恼,三、无色界之一切见思烦恼,四、三界之一切见思烦恼。

译文:

其时,大慧菩萨又对佛说:“世尊,如来何故为阿罗汉授无上正等正觉记?何故又说有无涅槃法之众生,不能成佛?又何故说从初得佛道至涅槃不说一字?又何故说如来常无觉无观?又说佛事皆是应化而作?又说诸识刹那变现?又何故说金刚力士常随从护卫?何故既言有众生得涅槃,却又说本际不可知?何故佛初成道时有诸魔扰乱事?何故旃遮婆罗门女孙陀利曾谤于佛?何故佛曾有乞不到食,空钵而回等事?世尊既有这

等业障，为何得成佛智？既得佛智成佛了，为何又不离此种种过失？”

佛说：“好好听着，我当为你解说。大慧，我为那些自以为证涅槃便是成佛之声闻方便说与之授记，目的是让其进修菩萨行。凡是有菩萨心、乐求声闻涅槃者，我令其舍是心而进修大乘，所以方便说与授记，而且是化身佛给应化的声闻授记，并不是法性佛所给的授记。大慧，给声闻授记是方便说。大慧，佛典所言佛与二乘无差别者，只就断除烦恼障说，非指所知障。断除所知障，要见法无我性时，才会清净。烦恼障者，只见人无我，只有舍离七转识，断除诸法障碍藏识习气等，才是究竟清净。

“大慧，我依本然常住之法故作此说，非与前佛所说有异，虽然语言平等，但言语生灭无有自性。大慧，如来正知，无有妄念，不待思虑然后为众生说法，如来久已断三界之一切见思烦恼、二种生死（即分段生死和不思议变易生死），断除烦恼、所知二种惑障。

“大慧，意及意识、眼识等七种识，以妄想习气为因，是刹那无常性，离无漏善，不能往来六道，如来藏性常，能持生死流转，是涅槃、苦乐之因，凡夫不知，妄著于空。

“大慧，化身佛方便现众生相，有金刚力士随侍卫护，非法身佛，法身佛离一切形相，二乘外道所不能知，离一切妄想而现受法味之乐，智慧具足，不须金刚力士卫护。一切化身佛不从业生，非是真佛，然依真而起，也不离真佛。譬如陶匠以泥、水等而造器皿等，化身佛也是这样，众相具足而演说法，但不能

自证圣智所行之境。又，大慧，愚痴凡夫见此身灭，不见未来生，故起断见，不知藏识念念流注，故起常见，自心妄分别想是其生死本际，所以说本际不可得。离开这种虚妄分别，即得解脱，四住烦恼俱断，远离一切过失。”

断食肉品第八

本品分为两个部分:大慧菩萨请问食肉的过失和佛陀开示断肉功德。大慧菩萨请问不吃肉的功德与吃肉的过失,以及佛教断肉与外道断肉的区别。佛陀列举了十五种不应食肉的因缘,为利益杀生、买卖食肉或者诽谤如来允许食肉都有罪过。“三净肉”或“十制肉”不过是佛陀过去的方便说,此经则明确表示食肉即断了大悲种姓,妨碍慈心、清净心生起,永世不得出离。断肉则无量功德,慈心具足,智慧乃生,才能渐次登上成佛阶梯。

尔时,大慧菩萨摩诃萨复白佛言:“世尊,愿为我说食不食肉功德过失,我及诸菩萨摩诃萨知其义已,为未来、现在报习所熏,食肉众生而演说之,令舍肉味求于法味,于一切众生起大慈心,更相亲爱如一子想,住菩萨地,得阿耨多罗三藐三菩提,或二乘地,暂时止息,究竟当成无上正觉。世尊,路伽耶等诸外道辈,起有、无见,执著断常,尚有遮禁,不听食肉,何况如来、应、正等觉,大悲含育,世所依怙,而许自他俱食肉耶?善哉!世尊,具大慈悲,哀愍世间等观众生犹如一子,愿为解说食肉过恶,不食功德,令我及诸菩萨等闻已奉行,广为他说。”

……

尔时，佛告大慧菩萨摩诃萨言："大慧，谛听谛听，善思念之，吾当为汝分别解说。大慧，一切诸肉有无量缘，菩萨于中当生悲愍，不应噉食[①]，我今当为汝说其少分。大慧，一切众生从无始来，在生死中轮回不息，靡不曾作父母，兄弟、男女、眷属，乃至朋友、亲爱、侍使，易生而受鸟兽等身，云何于中取之而食？大慧，菩萨摩诃萨观诸众生同于己身，念肉皆从有命中来，云何而食？大慧，诸罗刹等，闻我此说，尚应断肉，况乐法人？大慧，菩萨摩诃萨在在生处，观诸众生皆是亲属，乃至慈念如一子想，是故不应食一切肉。

"大慧，衢路市肆诸卖肉人，或将犬、马、人、牛等肉，为求利故而贩鬻之，如是杂秽，云何可食？大慧，一切诸肉皆是精血污秽所成，求清净人，云何取食？大慧，食肉之人，众生见之，悉皆惊怖，修慈心者，云何食肉？大慧，譬如猎师及旃陀罗捕鱼网鸟诸恶人等[②]，狗见惊吠，兽见奔走，空飞水陆一切众生，若有见之，咸作是念，此人气息犹如罗刹，今来至此，必当杀我，为护命故，悉皆走避。食肉之人，亦复如是。是故菩萨为修慈行，不应食肉。

"大慧，夫食肉者，身体臭秽，恶名流布，贤圣善人，不用亲狎，是故菩萨不应食肉。大慧，夫血肉者，众仙所弃，群圣不食，是故菩萨不应食肉。大慧，菩萨为护众生信心，令于佛法不生讥谤，以慈愍故，不应食肉。

“大慧，若我弟子贪噉于肉，令诸世人悉怀讥谤而作是言：云何沙门修清净行人，弃舍天仙所食之味，犹如恶兽食肉满腹，游行世间，令诸众生悉怀惊怖，坏清净行，失沙门道，是故当知佛法之中，无调伏行，菩萨慈愍，为护众生令不生于如是之心，不应食肉。大慧，如烧人肉，其气臭秽，与烧余肉，等无差别，云何于中有食不食？是故一切清净者，不应食肉。

“大慧，诸善男女，塚间树下，阿兰若处[③]，寂静修行，或住慈心，或持咒术，或求解脱，或趣大乘，以食肉故，一切障碍，不得成就，是故菩萨欲利自他，不应食肉。大慧，夫食肉者，见其形色，则已生于贪滋味心，菩萨慈念，一切众生犹如己身，云何见之，而作食想？是故菩萨不应食肉。

“大慧，夫食肉者，诸天远离，口气常臭，睡梦不安，觉已忧悚，夜叉恶鬼夺其精气，心多惊怖，食不知足，增长疾病，易生疮癣，恒被诸虫之所唼食[④]，不能于食，深生厌离。大慧，我常说言，凡所食噉作子肉想，余食尚然，云何而听弟子食肉？大慧，肉非美好，肉不清净，生诸罪恶，败诸功德，诸仙圣人之所弃舍，云何而许弟子食耶？若言许食，此人谤我。

“大慧，净美食者，应知则是粳米、粟米、大小麦、豆、酥油、石蜜，如是等类，此是过去诸佛所许，我所

称说，我种姓中善男女心怀净信，久植善根，于身命财不生贪著，慈愍一切犹如己身，如是之人之所应食，非诸恶习虎狼性者心所爱重。

“大慧，过去有王名师子王，耽著肉味，食种种肉，如是不已，遂至食人，臣民不堪，悉皆离叛，亡失国位，受大苦恼。大慧，释提桓因处天王位，以于过去食肉，余习变身，为鹰而逐于鸽，我时作王，名曰尸毗，愍念其鸽，自割身肉，以代其命。大慧，帝释余习，尚恼众生，况余无惭常食肉者？当知食肉自恼、恼他，是故菩萨不应食肉。

“大慧，昔有一王，乘马游猎，马惊奔逸，入于山险，既无归路，又绝人居，有牝师子，与同游处，遂行丑行，生诸子息，其最长者，名曰班足，后得作王，领七亿家，食肉余习，非肉不食，初食禽兽，后乃至人，所生男女，悉是罗刹，转此身已，复生师子、豺、狼、虎、豹、雕、鹫等中，欲求人身，终不可得，况出生死涅槃之道？

“大慧，夫食肉者，有如是等无量过失，断而不食，获大功德，凡愚不知，如是损益，是故我今为汝开演，凡是肉者，悉不应食。大慧，凡杀生者，多为人食，人若不食，亦无杀事，是故食肉与杀同罪。奇哉！世间贪著肉味，于人身肉尚取食之，况于鸟兽有不食者？以贪味故，广设方便，置罗网罟，处处安施，水陆飞行，皆被杀害，设自不食，为贪价值，而作是事。

“大慧，世复有人心无慈愍，专行惨暴，犹如罗刹，若见众生其身充盛，便生肉想，言此可食。大慧，世无有肉非是自杀，亦非他杀，心不疑杀而可食者，以是义故，我许声闻食如是肉。

“大慧，未来之世，有愚痴人，于我法中而为出家，妄说毗尼[⑤]，坏乱正法，诽谤于我，言听食肉，亦自曾食。大慧，我若听许声闻食肉，我则非是住慈心者、修观行者、行头陀者、趣大乘者，云何而劝诸善男子及善女人于诸众生生一子想，断一切肉？大慧，我于诸处说遮十种、许三种者，是渐禁，断令其修学，今此经中自死、他杀，凡是肉者，一切悉断。大慧，我不曾许弟子食肉，亦不现许，亦不当许。大慧，凡是肉食，于出家人悉是不净。

“大慧，若有痴人谤言如来听许食肉，亦自食者，当知是人恶业所缠，必当永堕不饶益处。大慧，我之所有诸圣弟子尚不食于凡夫段食，况食血肉不净之食？大慧，声闻、缘觉及诸菩萨尚惟法食，岂况如来。大慧，如来法身非杂食身？大慧，我已断除一切烦恼，我已浣涤一切习气，我已善择诸心智慧，大悲平等，普观众生犹如一子，云何而许声闻弟子食于子肉，何况自食？作是说者，无有是处。”

注释:

①噉(dàn)食:吞食。

②旃(zhān)陀罗:又作“旃荼罗”、译为“屠夫”,亦即以屠宰为业者。男曰“旃陀罗”,女曰“旃陀利”。

③阿兰若:又作“阿兰那”、“阿练若”、“阿蘭若迦”等,意为无诤声,修空寂行者乐居之处,寺院之总称。

④啑(shà)食:吞食,咬。

⑤毗尼:又作“毗奈耶”、“毗那耶”等,律藏之梵名,佛教经、律、论三藏之一,佛所说的戒律。

译文:

其时,大慧菩萨又对佛说:“世尊,请为我等说不食肉之功德和食肉之过失,使我及诸大菩萨知其义后,为未来、现在那些想食肉众生分别说法,使他们舍弃肉欲,而求法味之乐,对一切众生起大悲心,更相亲爱,视诸众生如同一子,住菩萨地,得无上正等正觉,或于二乘地暂时留住,最后证得无上正等正觉。世尊,路加耶陀等外道起有、无之见,执著断常,尚有邪禁,不许食肉,何况如来大悲,世人得解脱之所依靠,岂允许自己或他人食肉?善哉!世尊,大慈大悲,哀愍世间,视一切众生如同一子,请为解说食肉过失及不食肉功德,使我及诸菩萨等,听闻之后,恭敬奉行,并广为他人讲说。”

……

其时,世尊对大慧菩萨说:“大慧,好好听着,我当为你等分别解说。大慧,一切肉有无量因缘,菩萨于中当生慈悲,不应噉食，我今为你等略作解说。大慧，一切众生从无始来，于生死中轮回不息，曾经互为父母、兄弟、男女、眷属，乃至亲朋好友，其中或生三恶道中而为畜生、禽兽等，如何可食畜生、禽兽等肉？大慧，大菩萨观众生如同己身，一切肉类皆从有情众生而来，如何可食？大慧，恶鬼听我这么一说，尚且不敢再食肉，何况喜乐佛法之人？大慧，大菩萨于一切生处，观一切众生皆是亲属，乃至大慈大悲，视之如同一子，所以不应食一切肉。

“大慧，街坊市场诸卖肉人，为求利益，贩卖犬、马、牛、羊等肉，此等秽杂之物，如何可食？大慧，一切肉皆是精血污秽所成，求清净之人，如何可食？大慧，食肉之人，众生见之，皆悉恐惧，修慈心人，怎能食肉？大慧，猎人及屠夫，捕鱼网鸟等诸恶人，狗见之惊吠，兽见之则四处奔命，天空、陆地、水中的一切生物，若有见这等人者，全都会产生恐怖，视这种人如恶鬼，一见这等人来到，就认为是来杀他的，为了活命，全都远走高飞，食肉之人，也是这样，所以菩萨为修慈悲之行，不应食肉。

“大慧，食肉之人，身体恶臭，恶名远扬，贤圣善人，不敢同他亲近，所以菩萨不应食肉。大慧，血肉之类，众仙人所不齿，诸圣贤所不食，所以菩萨不应食肉。大慧，菩萨为护卫众生信心，令其于佛法不生诽谤，以慈悲故，不应食肉。

“大慧，若我弟子食肉，令诸世人全都讥毁之，都会这样说：为何沙门修清净之人，不食天仙所食之物，而同恶兽一样，酒肉满腹，游走世间，令诸众生咸生怖畏，坏清净行，失沙门道，所以应当知道，佛法之中无三昧邪戒，菩萨慈悲，为护卫众生，不令生食肉之心，不应食肉。大慧，如烧人肉，与烧其他生物之

肉一样，其气味恶臭无比，如何于中而生食想？所以，一切修清净行者，不应食肉。

“大慧，诸善男子善女人于墓间、林下、寺院等处修清净行时，或住慈心，或持咒术，或求解脱，或修大乘行，如果食肉，则种种修行均受障碍，不得成就，所以菩萨欲自利利他，均不应食肉。大慧，食肉者见肉之形色，则已生贪滋味之心。一切众生犹如己身，如何见之而生食想？所以菩萨不应食肉。

“大慧，食肉者，诸天神远而避之，口常恶臭，睡眠不安，醒后忧戚恐惧，夜叉恶鬼夺其精气，终日惶惶不安，食不知足，增长疾病，易生疮癣，常被毒虫所咬，眼前之众生见之尚避之不及，又何谈得上未来成就圣果？大慧，我常说凡所食者，当视同食亲子之肉，如何会允许弟子贪肉呢？大慧，肉非美好，肉不清净，食肉则会生诸罪恶，败诸功德，诸仙人圣者均不食肉，如何会允许弟子食肉？如果说我允许弟子食肉，此人是诽谤我。

“大慧，净美食者当是食粳米、粟米、大小麦、豆、酥油、石蜜等等，这些是过去诸佛所允许的，也是我常说可以吃的食物。我种姓中诸善男子善女人，心怀净信，久植善根，于身家性命、珠宝钱财等不生贪着，慈怜一切众生，视一切众生如同自身，唯许食诸圣人所应食者，其余的皆不允许。

“大慧，过去有王名狮子王，耽著于肉味，食种种肉，久而久之，遂至于食人肉，臣民不堪其苦，悉皆叛离，结果丢掉王位，受莫大苦恼。大慧，帝释处天王之位，因过去食肉，所余之恶习遂使他转生为鹰，它又追食于鸽，我当时为尸毗王，慈怜该鸽，便自割身上的肉喂鹰，以救鸽之性命。大慧，帝释所余之习

气尚且使他转生为鹰，追食众生，何况其他无惭之常食肉者？当知食肉者自恼、恼他，所以菩萨不应食肉。

“大慧，过去有一位国王，乘马打猎，马受惊后跑入山林之中，既无归路，又绝人烟，当时有一头母狮子，便与它同处，遂有丑行，且生了许多子女，最大的名叫班足，后来作王，统领七亿家众，由于食肉余习，非肉不食，起初食禽兽，后甚至于食人肉，所生男女，都是罗刹，其身转生，又生于狮子、豺、狼、虎、豹、雕、鹫之中，欲求人身，终不可得，如此之人，又如何能出生死，得涅槃呢？

“大慧，食肉者有如此无量过失，所以断断不可食肉，不食肉者，能获大功德，凡愚不知此中之利害关系，我今为你等开示演说，凡是肉者，都不应食。大慧，凡杀生者多是为了给人吃，如果人不食肉，也就没有杀生之事，所以食肉与杀生同罪。奇哉！世间贪着于肉食之人，人肉尚且取而食之，何况鸟兽之肉？以贪着于肉味，想方设法，编造种种罗网、捕具，四处安放，水中陆上之众生，均遭杀戮，即使自己不食，为了牟利，有的人也常做这种事。

“大慧，世上又有人，无有慈心，专行惨暴，与罗刹无异，若见众生之身丰盈强盛，便生肉想，说这可以吃。大慧，世上不管是自杀或他杀或不明死因之肉，均不应食，因此，我没有允许声闻可以食肉这种事。

“大慧，未来之世有愚痴人，于我法中出家，妄说戒律，乱我正法，诽谤于我，说我允许食肉，自己也曾食肉。大慧，我若允许声闻食肉，我则无有慈心，非是修观行之人，非是行头陀

者，非是欣趣大乘者，如何劝诸善男子、善女人视诸众生如同己子，断一切肉呢？大慧，我于各处所说之十种不许、三种允许者，是为了使人渐进断肉，渐进修学，现在此经所说的，则是不管自杀、他杀，凡一切肉皆不应食。大慧，我过去不曾允许弟子食肉，现在也不允许，将来仍然不会允许。大慧，凡是肉，对于出家人来说，都是不净。

"大慧，若有愚痴之人，诽谤如来允许食肉，自己也曾食肉，当知此人是为恶业所缠，必当永堕恶道轮回之中，永不得出离。大慧，我之所有诸圣弟子尚不食于欲界味香诸食，怎会食不净之血肉呢？大慧，声闻、缘觉尚且只以法为食，何况如来？大慧，如来法身非杂食身，我已断除一切烦恼，已经洗净一切习气，已经成就慈悲、圆明种智，普观一切众生犹如己子，如何会允许声闻弟子食己子之肉，更不会有自己食肉这等事？"

陀罗尼品第九

本品将此经功德化为陀罗尼咒，阐明受持、读诵、为人演说楞伽经咒的功德。陀罗尼意为“总持”，就是将全经大义归纳总结，以咒持诵则不但文义具足，且能令善法不失散，恶法不起力用。陀罗尼也用作此经护法，使道流通。楞伽咒为咒中之王，鬼神最为畏惧之咒，功德不可思议。

尔时，佛告大慧菩萨摩诃萨言：“大慧，过去、未来、现在诸佛，为欲拥护持此经者，皆为演说楞伽经咒，我今亦说，汝当受持。即说咒曰：……

“大慧，未来世中若有善男子、善女人，受持读诵，为他解说此陀罗尼，当知此人不为一切人与非人、诸鬼神等之所得便；若复有人卒中于恶，为其诵念一百八遍，即时恶鬼疾走而去。大慧，我更为汝说陀罗尼。即说咒曰：……

“大慧，若有善男子、善女人，受持读诵，为他解说此陀罗尼，不为一切天龙、夜叉、人、非人等诸恶鬼神之所得便，我为禁止诸罗刹故，说此神咒，若持此咒，则为受持入《楞伽经》，一切文句，悉已具足。”

译文:

其时,佛对大慧菩萨说:“大慧,过去、未来、现在三世诸佛,为了护佑持此《楞伽经》者,皆为演说楞伽经咒,我今亦说此楞伽经咒,望你好好受持。随后佛即说楞伽经咒道:……

“大慧,未来世中,若有善男子、善女人受持读诵此楞伽经咒,或为他人演说此楞伽经咒,当知此人不为一切人与非人及诸鬼神之所伤害,若有恶鬼神欲伤害于人,即念诵此楞伽经咒一百八遍,其时恶鬼等即迅速离去。大慧,我也为你演说陀罗尼咒,其时佛即说咒道:……

“大慧,若有善男子、善女人受持读诵此陀罗尼咒,或为他人演说,就不为一切天龙、夜叉、人、非人等诸恶鬼神之所伤害,我为制止诸恶鬼神,故说此神咒,若有人受持读诵此咒文句,即得名受持读诵此《楞伽经》。”

偈颂品第十之一

此品是以“偈颂”形式总结整部经文，据说寂护论师高度评价此品，认为其不止归纳全经，乃至整个大乘佛法之要义皆囊括之。佛陀授记此经真义将被龙树菩萨继承。本书所节选偈颂，强调只有明了四妙门：五法、八识、三自性和二无我，才能具备修证如来藏的基础。只有远离名、相、妄想分别，转化妄计自性与缘起自性，才能证得正智与如如，契入圆成实性。如来藏藏识乃法尔清净之自心圣智证量境界，不可思议，不可称量，不可言说；佛陀慈悲，化身无数，建立种种言说，只为度化众生，皆是方便，不可执实。

尔时，世尊欲重宣此修多罗中诸广义故而说偈言：

诸法不坚固，皆从分别生；
以分别即空，所分别非有。
由虚妄分别，是则有识生，
八九识种种[①]，如海众波浪。
……
分别见外境，是妄计自性；
由此虚妄计，缘起自性生。
邪见诸外境，无境但是心；
如理正观察，能所取皆灭。

如愚所分别，外境实非有；
习气扰浊心，似外境而转。
已灭二分别，智契于真如；
起于无影像，难思圣所行。
……
愿说佛灭后，谁能受持此？
大慧汝应知，善逝涅槃后，
未来世当有，持于我法者，
南天竺国中，大名德比丘。
厥号为龙树，能破有无宗；
世间中显我，无上大乘法。

得初欢喜地，往生安乐国；
众缘所起义，有无俱不可。
缘中妄计物，分别于有无；
如是外道见，远离于我法。
一切法名字，生处常随逐；
已习及现习，展转共分别。
若不说于名，世间皆迷惑；
为除迷惑故，是故立名言。

注释：

①八九识：第九识亦称"菴摩罗识"。《密严经》等经典以第

九识为纯净识，有些经论又以“真如”为第九识。一般认为，第九识是识实性，不生不灭，毫无染垢；前七识皆有生灭，如众波浪；第八阿赖耶识亦染亦净，亦生灭亦不生灭。

译文：

其时，世尊为了重宣此《楞伽经》中深广义理，乃重说偈：

诸法皆不真实，都是从虚妄分别而生；
若能了悟分别识空，则知诸法本来寂灭。
由于虚妄分别，因此而有诸识生，
阿赖耶识及诸转识，如海起波浪。
……
虚妄分别所见外境，即是遍计所执自性；
由此虚妄计度，缘起自性生。
邪妄见有外境外法，其实只是自心之所现；
依真实智慧正确观察，能取、所取皆悉断除。
愚痴凡夫所分别之外境，实际上幻而非真；
种种习气熏染于心，变现各种外境外法。
断除能取、所取二边分别，智慧契入于真如；
由此即生于无法相、不思议圣智所行境界。
……
愿世尊开示佛灭后，谁能受此大法？
大慧应知，佛灭后，
未来世当会有，信受奉持我教法的人，
于南印度国中，一名叫德比丘。

其号为龙树，他能破斥空、有二宗；
于世间中开显我的教法，是为无上大乘妙法。
他能登上欢喜地，往生于净土中；
众缘所示现的义理，说是有是无都是不对的。
在不实的因缘中妄执实在而分别有、无；
如此谓外道邪见，是远离我的教法。
一切为令众生得度所立的名字，于生时常随逐；
已习及现习，展转相共分别。
但如来若不说假名，众生都会迷惑，无法入佛知见；
为消除迷惑故，是故立名言。

延伸阅读书目

1.《楞伽阿跋多罗宝经》（四卷），刘宋·求那跋陀罗译，《大正藏》第十六册。

2.《入楞伽经》（十卷），元魏·菩提流支译，《大正藏》第十六册。

3.《楞伽阿跋多罗宝经注解》（八卷），明·宗泐、如玘注，《大正藏》第三十九册。

4.《入楞伽心玄义》（一卷），唐·法藏撰，《大正藏》第三十九册。

5.《注大乘入楞伽经》（十卷），宋·宝臣述，《大正藏》第三十九册。

6.《楞伽师资记》（一卷），唐·净觉撰，石峻等编《中国佛教思想资料选编》第二卷第四册。

7.《楞伽经通义》（六卷），宋·善月述，《续藏经》第一编，第二十五套，第三册。

8.《楞伽经义疏》（九卷），明·智旭疏义，《续藏经》第一编，第二十六套，第一册、第二册。

9.《大乘起信论》（一卷），梁·真谛译，《大正藏》第三十二册。

10.《大乘起信论讲义》，圆瑛述。

11.《宋高僧传》，宋·赞宁撰，中华书局 1978 年版。

12.《五灯会元》，宋·普济著，中华书局 1984 年版。

13.《中国佛教思想资料选编》（第二卷第三册、第四册），石峻等编。

14.《中国佛教》(二),中国佛教协会编,知识出版社1982年版。

15.《佛学大辞典》,丁福保编纂,文物出版社1984年版。

16.《宗教词典》,任继愈主编,上海辞书出版社1981年版。

17.《中国佛教史》(一、二、三),任继愈主编,中国社会科学出版社1988年版。

18.《季羡林学术论著自选集》,季羡林著,北京师范学院出版社1991年版。

19.《隋唐佛教史稿》,汤用彤著,中华书局1982年版。

20.《印度佛教史》,圣严编述,台北法鼓文化事业股份公司1999年版。

21.《印度佛学源流略讲》,吕澂著,上海人民出版社1979年版。

22.《中国佛学源流略讲》,吕澂著,中华书局1979年版。

23.《中国佛教史》,蒋维乔著,上海书店据1935年本影印。

24.《明清佛教》,郭朋著,福建人民出版社1982年版。

25.《佛教哲学》,方立天著,中国人民大学出版社1986年版。

26.《中国佛性论》,赖永海著,上海人民出版社1988年版。